L'ENSEIGNEMENT PRIMAIRE

EN

AUTRICHE-HONGRIE

ORGANISATION — STATISTIQUE — BUDGET

PAR

Le Dr MANGENOT

MÉDECIN-INSPECTEUR DES ÉCOLES DE LA VILLE DE PARIS
OFFICIER DE L'INSTRUCTION PUBLIQUE

Honoré d'une souscription de la Ville de Paris
pour les Bibliothèques scolaires.

PARIS

LECÈNE, OUDIN ET Cie, ÉDITEURS
17, RUE BONAPARTE, 17

1892

Librairie LECÈNE, OUDIN et Cie, Éditeurs, 17, rue Bonaparte, Pari

OUVRAGES DE M. A. VESSIOT

Inspecteur général de l'Enseignement primaire, lauréat de l'Institut.

DE L'ÉDUCATION A L'ÉCOLE. Un fort volume in-18 jésus, 8e édition, broché. 3.50

DE L'ENSEIGNEMENT A L'ÉCOLE et dans les classes élémentaires des lycées et des collèges. Un fort volume in-18 jésus, 8e édition, broché. 3.50

Ces deux ouvrages ont été couronnés par l'Académie des sciences morales et politiques, qui a décerné le prix Halphen (1888) à M. Vessiot.

LES CLASSIQUES POPULAIRES

COLLECTION ILLUSTRÉE

Publiée sous la direction de M. Emile FAGUET

Ancien élève de l'École normale supérieure, professeur de rhétorique au lycée Janson-de-Sailly, lauréat de l'Académie française.

La collection comprendra 50 volumes dont 31 sont actuellement publiés.

Prix du volume, in-8o de 240 pages, broché. 1.50

Relié, toile souple, fers spéciaux, tranches rouges . . . 2.50

Volumes parus :

VICTOR HUGO, par Ernest Dupuy, inspecteur d'Académie à Paris.
MICHELET, par F. Corréard, professeur agrégé d'histoire.
ÉMILE AUGIER, par H. Parigot, professeur de rhétorique.
MONTESQUIEU, par Edgar Zévort, recteur de l'Académie de Caen.
BUFFON, par H. Lebasteur, professeur de rhétorique.
J.-J. ROUSSEAU, par L. Ducros, professeur à la Faculté des Lettres
FLORIAN, par Léo Claretie, professeur agrégé des Lettres.
CORNEILLE, par Emile Faguet.
LA FONTAINE, par le même.
MOLIÈRE, par H. Durand, inspecteur général honoraire de l'Université.
Mme DE SÉVIGNÉ, par R. Vallery-Radot, lauréat de l'Académie française.
FÉNELON, par G. Bizos, recteur de l'Académie de Grenoble.
SAINT-SIMON, par J. de Crozals, professeur à la Faculté des Lettres de Grenoble.
RONSARD, par G. Bizos.
LES CHRONIQUEURS. — Villehardouin et Joinville, par A. Debidour, inspecteur général de l'enseignement secondaire.
LES CHRONIQUEURS. — Froissart et Commines, par le même.
SHAKESPEARE, par J. Darmesteter, professeur au Collège de France.
DANTE, par Ed. Rod, professeur à l'Université de Genève.
GŒTHE, par Firmery, professeur à la Faculté des Lettres de Lyon.
CERVANTES, par Lucien Biart.
HOMÈRE, par A. Couat, Recteur de l'Académie de Bordeaux.
VIRGILE, par A. Collignon, professeur de rhétorique.
PLUTARQUE, par J. de Crozals.
DÉMOSTHÈNE, par H. Ouvré, professeur à la Faculté des Lettres de Bordeaux.
CICÉRON, par M. Pellisson, inspecteur d'Académie.
HÉRODOTE, par F. Corréard, professeur agrégé d'histoire.
BOILEAU, par P. Morillot, professeur à la Faculté des Lettres de Grenoble.
BERNARDIN DE SAINT-PIERRE, par de Lescure.
RACINE, par Paul Monceaux, professeur de rhétorique au lycée Henri IV.
BLAISE DE MONLUC, par Charles Normand, professeur agrégé d'histoire au lycée Michelet.
THIERS, par Edgar Zévort, recteur de l'Académie de Caen.

L'ENSEIGNEMENT PRIMAIRE

EN

AUTRICHE-HONGRIE

DU MÊME AUTEUR

L'Inspection médicale et hygiénique des écoles :
I. Ce qu'elle est à l'étranger et en France;
II. Ce qu'elle doit être.
(*Revue d'hygiène et de police sanitaire*. 1886-87.)

L'Hygiène dans les écoles de Vienne et de Buda-Pesth. (*Mission du Ministère de l'Instruction publique*. 1887.)

La revaccination dans les écoles primaires publiques du XIIIe arrondissement. (*Revue d'hygiène et de police sanitaire*, 1888.)

Première application de la revaccination obligatoire dans les écoles. (*Id.*, 1890.)

A propos de revaccinations. (*Id.*, 1890.)

L'Hygiène dans les écoles de Londres. (*Mission du Ministère de l'Instruction publique*. 1891.)

L'ENSEIGNEMENT PRIMAIRE

EN

AUTRICHE - HONGRIE

ORGANISATION — STATISTIQUE — BUDGET

PAR

LE Dr MANGENOT

MÉDECIN-INSPECTEUR DES ÉCOLES DE LA VILLE DE PARIS
OFFICIER DE L'INSTRUCTION PUBLIQUE

**Honoré d'une souscription de la Ville de Paris
pour les Bibliothèques scolaires.**

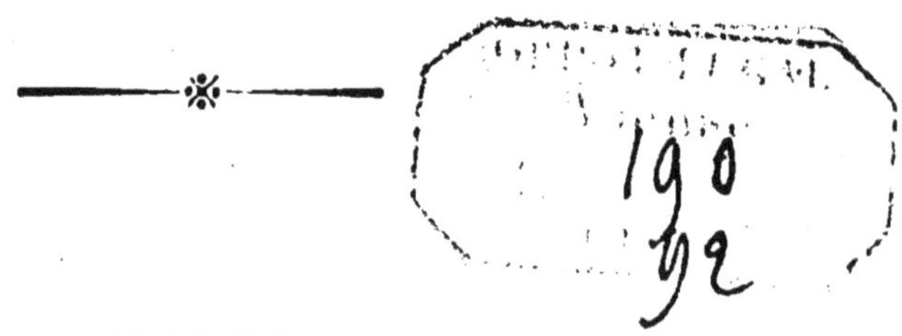

PARIS
LECÈNE, OUDIN ET Cie, ÉDITEURS
17, RUE BONAPARTE, 17

1892

AVANT-PROPOS

Il ne me paraît pas superflu, au commencement de cet ouvrage, d'expliquer en quelques mots comment, moi médecin, j'ai été amené à m'occuper de l'enseignement primaire en Autriche-Hongrie, et à publier le résultat de mes études.

Chargé par notre Ministre de l'instruction publique, lors du congrès international d'hygiène, tenu à Vienne en 1887, de visiter les écoles primaires des capitales de l'Autriche et de la Hongrie, au point de vue de leur installation hygiénique, j'eus la bonne fortune d'avoir, pour me guider dans cette visite, un homme aussi aimable que savant, M. Gugler, le dévoué directeur de l'école normale de Vienne. Avec une complaisance sans bornes, il me fit voir un certain nombre d'écoles et me mit à même de constater les améliorations considérables réalisées dans ces vingt dernières années par une administration soucieuse du développement moral, intellectuel et physique des enfants astreints par la loi à fréquenter les écoles. Et, à ce propos, je dois confesser que je n'ai pas été peu surpris d'apprendre qu'avant même notre grande Révolution, dès le 11 *février 1787, comme on le verra plus loin, l'empereur Joseph II, successeur de Marie-Thérèse, décrétait l'obligation de l'instruction primaire.*

Avec un homme aussi compétent et si plein de son sujet, la conversation ne pouvait rester longtemps confinée dans les seules questions d'hygiène scolaire, et bientôt elle s'étendit à l'organisation générale de l'enseignement primaire. Mon cicerone mit à m'en parler une passion si communicative que je finis par la partager, et je résolus de satisfaire ma curiosité qu'il avait si adroitement éveillée. Je lui demandai de me procurer toutes les lois, règlements et statistiques concernant la matière, ce qu'il fit avec la plus extrême bienveillance, et je me mis à l'œuvre avec toute l'ardeur d'un pédagogue de profession. Il poussa même l'obligeance jusqu'à re-

voir mes traductions. Cette sanction quasi-officielle donne à mon travail un caractère de vérité et d'exactitude qui a son prix.

Que j'aie eu le désir de satisfaire ma curiosité, cela est bien naturel; mais ce qui le paraîtra moins, c'est que je l'aie dirigée sur un sujet qui n'est pas de ma compétence et qui sort de mes occupations habituelles. Un mot suffira pour l'expliquer.

Convaincu de la marche lente mais toujours progressive de l'humanité vers un idéal de bonheur qu'elle atteindra certainement un jour, tout ce qui peut favoriser cette évolution est pour moi du plus haut intérêt. Or, je place au premier rang de ces moyens l'instruction primaire donnée à tous, parce qu'elle fournit à chacun l'instrument, l'outil nécessaire, indispensable pour défricher le terrain que ses aptitudes personnelles lui permettront ensuite de cultiver. Partant de là, il était naturel que je misse à profit mon séjour en Autriche-Hongrie pour me renseigner sur ce qui y avait été fait dans ce sens.

Ma curiosité une fois satisfaite, j'ai pensé que je devais faire profiter mes compatriotes des connais-

sances que j'avais acquises par un travail long et aride afin de nous laver, dans une certaine mesure, d'un reproche que l'on nous adresse trop souvent, à tort, de ne pas savoir ce qui se passe en dehors de notre pays.

Toutefois, je me suis attaché à traiter les questions surtout au point de vue administratif, statistique et budgétaire. J'ai négligé, de parti pris, la partie purement pédagogique, d'abord parce qu'elle n'est pas de ma compétence, et surtout parce qu'elle a été traitée avec tout le soin et la science désirables par M. Buisson, l'éminent directeur de l'instruction primaire, dans un important rapport publié en 1884 (1).

Je souhaite que mon travail, s'il est sans éclat, ne soit pas sans utilité, inglorius dum utilis.

Décembre 1891.

(1) Rapport sur l'instruction primaire à l'Exposition universelle de Vienne en 1873. Imprimerie nationale, 1884.

L'ENSEIGNEMENT PRIMAIRE

EN

AUTRICHE-HONGRIE

HISTORIQUE, ORGANISATION, STATISTIQUE ET BUDGET

PREMIÈRE PARTIE

HISTORIQUE.

Il existe quelques documents historiques permettant d'affirmer que du temps des Romains il y avait en Autriche des écoles d'enseignement populaire ; mais il n'est pas certain qu'après le refoulement des Avars et la constitution de la Marche orientale par Charlemagne, les lois édictées par cet empereur, pour la création d'écoles populaires près de chaque cathédrale et dans tous les couvents, aient été appliquées dans ce pays. Cependant on ne peut nier que l'influence de l'école cathédrale de

Salzbourg et du moine savant Virgilius ait été très grande. Ce n'est que sous le règne des Batenberg que l'on constate l'existence de quelques écoles destinées à l'instruction des nobles et des hommes libres, dans quelques grands centres de population. Ces écoles n'étaient pas accessibles aux enfants du peuple et l'enseignement y était donné exclusivement par des religieux. Aucun document ne nous est parvenu sur leur nombre, sur l'importance et les matières enseignées. Les plus anciens auxquels on puisse se rapporter sont d'une part les lettres de liberté (*Freiheitsbrief*) de l'empereur Frédéric II, en avril 1237, et le droit communal du duc Albert Ier du 12 février 1296 (1).

Les lettres de Frédéric II, bien que n'en parlant pas, font néanmoins supposer que, déjà avant 1237, il existait, ou fut créée une école, et que cette école fut celle de Saint-Étienne. On peut d'autant plus facilement l'admettre que, dans son droit communal, Albert Ier cite « l'école paroissiale de Saint-Étienne ». Il accorde à la municipalité le droit de nommer les maîtres de cette école, et d'en créer de nouvelles (2). Ce droit fut confirmé par les statuts universitaires d'Albert III en 1384. De

(1) *Geschichtsquellen der Stadt Wien.* Ire partie. Ouvrage publié par les soins du Conseil municipal de Vienne.

(2) *Geschichte den K. Universität zu Wien.* Kink, 1834.

cette époque date la création à Vienne de deux nouvelles écoles, celle de l'Hôpital civil et celle de Saint-Michel. Dans un rapport du bourgmeister Jean Haringner, publié en 1446, il est question d'une quatrième école établie dans les Schottes.

Sous Albert III, l'école de Saint-Étienne devient une dépendance de l'Université de Vienne. Quatre de ses maîtres, payés par la ville, y furent attachés pour y enseigner les arts libéraux ; l'un d'eux, avec le titre de recteur, avait le droit de nommer les maîtres des autres écoles. On ne sera pas surpris, d'après cela, que cette école perdit peu à peu son caractère primitif d'école élémentaire pour devenir une école supérieure, un véritable gymnase, car, d'après l'ordonnance de 1446, on y enseignait la grammatique et la rhétorique, les deux principaux des sept arts libéraux. La renommée de cette école n'était pas seulement due au talent des religieux, mais aussi à des laïques dont la renommée était universelle (1). Il en fut bientôt de même des trois autres écoles, qui devinrent ainsi des écoles préparatoires attachées à la Faculté de philosophie de l'Université. Mais à partir de l'année 1551, époque à laquelle furent créées, par les Jésuites, des écoles spéciales pour l'enseignement

(1) *Geschichte der geistigen cultur in Niederösterreish.* Dr Mayer. Wien, 1874, pages 87 et 88.

du latin, Saint-Etienne perdit peu à peu cette situation privilégiée, et au XVIIe siècle elle n'était plus qu'une grande école élémentaire soutenue par la municipalité (*Burgerschule*) ; c'est sous ce titre que, pendant de longues années, elle brilla d'un vif éclat.

L'enseignement élémentaire, tel qu'on le comprend aujourd'hui, n'existait pas pendant toute la durée du moyen âge. Les quelques écoles élémentaires crééesau XIVe et au XVe siècle pour les garçons et pour les filles (ces dernières dirigées la plupart par des religieuses) n'eurent aucune influence sur le développement intellectuel des enfants du peuple, parce que, ou bien on n'attachait aucune importance à ce développement, ou bien on n'y enseignait que la morale et la religion, comme étant les seules connaissances nécessaires. Il faut dire aussi que l'état d'incertitude politique dans lequel on vivait, grâce aux guerres incessantes de cette époque, ne permettait guère de s'occuper de l'éducation et de l'instruction populaires. La Réforme eut, sous ce rapport, une très heureuse influence. Ce fut à qui aurait le plus grand nombre d'écoles; toutefois ce généreux effort ne profita en réalité qu'à la classe bourgeoise, car fort peu d'écoles populaires élémentaires furent créées à cette époque. Mais l'impulsion était donnée et elle ne s'arrêta pas. Elle fut aussi favorisée par les généreuses donations de quelques riches citoyens, parmi lesquels il faut citer Michel von Zollern et Jean von Tepser. De sorte qu'en 1769 il y avait, à Vienne seulement, 68 écoles fréquentées par 5,748 élèves(1). On voit que, malgré le nombre assez élevé des écoles, peu d'enfants jouissaient des bienfaits de l'instruction. Il résulte, en effet, d'une statistique de l'année 1700, que sur 100 enfants à l'âge scolaire, c'est-à-dire âgés de 5 à 13 ans, 24 seulement fréquentaient les écoles. Si à ce nombre on ajoute environ 30 enfants recevant l'instruction à la maison, on voit que 46 % croupissaient dans l'ignorance la plus complète.

Et encore qu'étaient ces écoles? Pour s'en faire une idée, il faut lire la description humoristique que fait Helpert (2) de quelques-unes d'entre elles. « Il y a, écrit-il, à Vienne six maitres d'école qui « ont un logement aussi inconnu que leurs écoles. « En général, les adjoints ne valent rien ; ils n'ont « pour vivre que l'écolage et le produit de certaines fonctions accessoires ; aussi passent-ils « leurs nuits à jouer de la musique dans les brasseries, ce qui les rend maussades et endormis

(1) *Brevis notitia urbis Vindobonæ*, 1771. — L. Fischer.
(2) *Die Oestr. Volkschule*, page 12, 1er vol.

« pendant le jour. Ils n'ont aucune méthode, aucun « ordre, aucun programme. Chacun tient sa classe « à sa fantaisie et n'a d'autre règle que son bon « plaisir. Tout l'enseignement consiste à laisser « les élèves réciter leurs leçons les uns aux autres « pendant que le maître rit ou bavarde avec « d'autres. De sorte que, si l'on voulait calculer « le temps consacré en réalité à chaque enfant, on « trouverait au plus 2 minutes par jour, 12 par « mois, ce n'est pas même 10 heures par an. »

D'après cette description, on comprendra sans peine que les écoles publiques n'étaient alors fréquentées que par les enfants pauvres ; ceux des familles aisées étaient placés dans des établissements privés ou recevaient l'instruction dans la maison paternelle.

Cette situation changea complètement dans la seconde moitié du XVIIIe siècle, sous le règne glorieux de Marie-Thérèse. Cette impératrice, dont le souvenir est resté si populaire, après avoir lutté pendant plusieurs années pour la conquête et la conservation de son empire, se consacra tout entière au bien-être de son pays.

Convaincue que la première source du bonheur est l'instruction, elle s'efforça, par de sages lois, de la mettre à la portée de tous, et surtout de ceux qui jusque-là en avaient été privés.

C'est le 2 janvier 1771 que fut ouverte à Vienne la première école normale ; elle était placée sous la direction du savant Joseph Mersmer. Cette école avait pour but : 1° d'enseigner toutes les connaissances nécessaires et même utiles ; 2° de former des instituteurs laïques et congréganistes. Elle devait en outre servir de modèle aux écoles de la capitale et de l'empire.

Le 6 décembre 1774, parut la fameuse ordonnance (1) sur les écoles, qui amena une réforme radicale dans l'enseignement, aussi bien public que privé.

En voici l'analyse sommaire. Les écoles sont divisées en trois catégories : les écoles normales (*Normalschulen*), les écoles supérieures (*Hauptschulen*) et les écoles inférieures (*Trivialschulen*). Ces divisions sont encore aujourd'hui en usage ; les noms seuls ont changé ; les premières s'appellent écoles normales d'instituteurs (*Lehrerbildungsanstalt*), les secondes, écoles bourgeoises ou écoles primaires supérieures (*Burgerschulen*), et les dernières, écoles populaires (*Volkeschulen*).

D'après l'ordonnance précitée, il doit y avoir dans chaque village, au moins dans ceux où il

(1) Algemeineschulordnung für die deutschen Normal. Haupt und Trivialschulen.

existe déjà une école paroissiale, une école populaire où l'on enseignera la religion, l'histoire sainte, la lecture, l'écriture, le calcul, jusqu'à la règle de trois, de plus des notions de morale et d'économie. L'établissement de ces écoles à une ou à deux classes est à la charge de la commune, avec secours éventuel de la province.

Dans chaque cercle (*Kreis*), il y aura au moins une école supérieure avec 3 ou 4 maîtres (y compris le directeur) et un catéchiste, où l'on enseignera, outre les éléments de la langue latine, la géographie, l'histoire, les éléments de la comptabilité, etc. ; leur établissement incombe à la caisse des écoles.

Enfin dans chaque province, il y aura une école normale où se fera l'éducation et l'instruction des futurs instituteurs.

Les heureux effets de cette réforme ne tardèrent pas à se faire sentir : dès 1780 il y avait à Vienne seulement (y compris les faubourgs) 76 écoles publiques. L'école normale comptait 290 élèves ; les écoles supérieures et inférieures donnaient l'instruction à 8,776 élèves. C'était une augmentation de 52,7 % sur l'année 1769, c'est-à-dire en 11 ans. Il y avait en outre 1,400 instituteurs libres avec 3,959 élèves.

La réforme scolaire de Marie-Thérèse fut complétée, sous le règne de son successeur Joseph II, par la création de patronats scolaires, décrétés par ordonnance impériale du 11 février 1787, et surtout par l'obligation de l'instruction primaire décrétée par les ordonnances impériales du 20 décembre 1781 et du 19 janvier 1786.

Malheureusement, après la mort de ce monarque arrivée en 1790, les troubles de la fin du siècle et les guerres qui désolèrent le commencement du siècle actuel, furent fatales à cette réforme ; l'obligation fut oubliée et les écoles revinrent ce qu'elles étaient auparavant, des écoles paroissiales, et par conséquent entièrement sous la direction des différents cultes.

Malgré la constitution scolaire de 1805 et les innombrables lois édictées ensuite, elles restèrent dans cette situation jusqu'à la révolution de 1848.

Voici ce qu'elles étaient, d'après Ficker, en 1847. « Il y avait à Vienne, écrit-il, cinq écoles primaires « supérieures publiques, douze écoles élémentaires « paroissiales à trois classes et cinquante-deux à « deux classes. La moitié environ de ces écoles « étaient propriétaires de l'immeuble qu'elles « occupaient ; les autres étaient en location. Cha- « cune d'elles comptait de 3 à 7 classes ; un maître « était chargé de la surveillance générale et de la « direction économique.

« L'enseignement était donné par des adjoints « dont les appointements mensuels n'étaient que « de 4 à 6 florins ; aussi étaient-ils obligés, pour « augmenter leur pécule, de donner des répéti- « tions. Après la fin de la classe, les élèves res- « taient encore une heure ; les parents devaient « payer chaque mois 1 à 2 florins, dont la moitié « revenait au directeur comme indemnité de sur- « veillance.

« D'après une statistique de l'époque, les maîtres « recevaient, dans 4 écoles, moins de 100 florins, « dans 36, de 100 à 500, et dans 32, de 500 à 1,000 « florins : ce traitement pouvait, très rarement, et « après de longues années de service, atteindre le « chiffre de 1,300 à 2,000 florins. Dans la plupart « des classes, les sexes étaient réunis et l'on y « comptait jusqu'à 88 élèves, et parfois même « jusqu'à 200. Les nouveaux étaient reçus à toute « époque de l'année. »

La révolution de 1848, qui eut un si grand retentissement chez tous les peuples et amena dans la constitution des États de si importantes modifications, n'eut pas une influence moins heureuse sur l'enseignement primaire en Autriche. C'est, en effet, de cette époque mémorable que date la création d'un Ministère de l'Instruction publique, point de départ de toutes les réformes introduites depuis dans les écoles populaires. A la vérité, le mouvement libéral qui se produisit à ce moment, fut entravé dans son cours par le concordat du 18 août 1855, qui replaça les écoles sous l'autorité des églises.

Cependant tout ne fut pas perdu pour la ville de Vienne; elle continua à diriger et à administrer les nombreuses écoles paroissiales, qu'elle avait prises à sa charge en 1848 et pour l'aménagement desquelles elle s'était imposé de grandes dépenses.

L'enseignement ne devint réellement populaire, dans la plus large acception du mot, que sous le règne de l'empereur François-Joseph, grâce à la constitution du 21 décembre 1867 et aux lois scolaires qui furent promulguées peu de temps après et qui sont encore aujourd'hui en vigueur.

DEUXIÈME PARTIE

ORGANISATION.

Pour faire bien comprendre l'organisation scolaire, je crois nécessaire d'exposer en quelques lignes l'organisation politique et administrative des deux États en cause.

D'après la constitution de 1867, l'empereur d'Autriche, roi de Hongrie, est chef du pouvoir exécutif et commandant suprême des armées de terre et de mer.

Les questions intéressant les deux États sont réglées par un conseil (*delegationem*) dont les membres, au nombre de 120, sont nommés par les Chambres.

Dans chacun de ces États, le pouvoir législatif appartient à deux Chambres, qui, réunies, constituent en Autriche le Reichrath et en Hongrie le Reichstag.

Ces deux Chambres sont pour l'Autriche :

1° La Chambre des seigneurs (*Herenhaus*);

2° La Chambre des députés (*Abgeordnetenhaus*).

Et pour la Hongrie :

1° La Chambre des magnats (*Magnatentafel*);

2° La Chambre des représentants (*Represententafel*).

Le pouvoir exécutif est représenté dans les deux Etats par les ministres.

Le nombre des membres de la Chambre des seigneurs est illimité; ils sont nommés à vie par l'empereur. Cependant, pour quelques-uns, tels que les princes du sang et quelques chefs de grandes familles nobles, ce titre est héréditaire. Elle se compose actuellement, outre les membres héréditaires, des archevêques et princes-évêques et de notabilités qui se sont distinguées, soit dans les sciences et les lettres, soit dans l'armée, soit dans l'administration politique.

En Hongrie, la Chambre des magnats a une composition à peu près semblable.

Les députés autrichiens, au nombre de 353, sont élus pour six ans par quatre catégories d'électeurs.

1° Les grands propriétaires fonciers en élisent 85;

2° Les habitants des villes d'une certaine importance en élisent 115;

3° Les membres des chambres de commerce, 22;

4° Les communes rurales, 135.

Les trois premiers groupes nomment leurs députés au suffrage direct, le quatrième au suffrage à deux degrés; les électeurs du deuxième degré sont nommés par les contribuables payant environ 12 florins d'impôts, à raison de 1 pour 500 électeurs primaires.

La Chambre des députés hongrois se compose de 447 membres, élus, à peu de chose près, par les mêmes catégories d'électeurs que les députés autrichiens.

Au point de vue administratif, l'Autriche se divise en :

1° Provinces (*Lænder*) avec un gouverneur (*Statthalter* ou *Landespræsident*) nommé par l'empereur et une Chambre des députés ou Diète (*Landtag*), dont le président de la Diète (*Landmarshall* ou *Landeshauptmann*) et le vice-président sont nommés par l'empereur. Il y a en outre une commission permanente (*Landesausschuss*), nommée par la Diète et qui partage le pouvoir exécutif avec le gouverneur. Elle se compose dans la Basse-Autriche de 6 membres ayant un traitement annuel de 4,000 florins. Ils conservent leurs fonctions pendant toute la durée de la Diète, c'est-à-dire pendant six ans. En cas de dissolution de la Diète, ils restent à leur poste jusqu'à l'élection de la nouvelle.

2° Départements (*Bezirke*) avec un préfet (*Bezirkshauptmann*). Cette division administrative n'a aucun conseil élu, excepté en Bohême, Styrie et Galicie, où il existe une sorte de conseil général (*Bezirksvertretung*).

3° Communes (*Gemeinden*) avec un conseil (*Gemeinde-ausschuss*) élu par les habitants, comme pouvoir délibérant, et d'une délégation (*Gemeindevorstand*) nommée par lui et composée du maire (*Burgemeister*) et 2 ou 3 adjoints (*Gemeinderæthe*) comme pouvoir exécutif.

Le nombre des conseillers, qui ne peut être inférieur à 8, est proportionnel au chiffre des différentes catégories d'électeurs.

Certaines villes, comme Vienne, Zaid, etc., jouissent de certaines libertés municipales et sont pourvues de statuts communaux, restes des anciennes chartes municipales. C'est ainsi que Vienne, bien que capitale, est administrée par un maire seul responsable élu pour trois ans par le conseil municipal. Le pouvoir exécutif appartient, sous l'autorité du maire, au *Magistrat*, sorte de préfet assisté d'un conseil de juristes nommés à vie.

Si le gouvernement a accordé aux Viennois l'autonomie communale, si chère aux Parisiens, c'est qu'il trouvait dans le mode d'élection des conseillers une garantie suffisante contre tout abus de pouvoir (1).

En effet, ceux-ci, au nombre de 120, sont élus par trois catégories d'électeurs qui chacune élit 40 conseillers.

Ce sont :

1° Les grands propriétaires qui payent au moins 500 florins de contribution foncière et 100 florins de patente.

2° Les petits propriétaires et les commerçants qui payent moins de 500 florins et plus de 10 florins de contribution. Dans cette classe sont compris les fonctionnaires civils ou religieux, les docteurs de toutes les facultés, les professeurs de l'enseignement secondaire, les directeurs et les maîtres d'écoles communales.

3° Enfin tous les citoyens qui payent moins de 10 florins de contribution et ceux qui ne peuvent être rangés dans les deux premières catégories d'électeurs. Il y a en outre dans chaque arrondissement, au nombre de 10, un conseil (*Bezirks-ausschuss*) composé de 18 membres élus par tiers pour chacune des trois catégories d'électeurs. Ils sont nommés pour trois ans comme les conseillers municipaux et choisissent parmi eux un président ou

(1) Gemeinde ordnanz für die Stadt Wien, 1877.

maire d'arrondissement (*Bezirksvorsteher*), chargé de l'administration sous l'autorité du *Burgmeister*.

L'organisation administrative de la **Hongrie** diffère sensiblement de celle de l'Autriche.

Ici tous les fonctionnaires sont élus ; un seul, l'*Obergespan*, est nommé par le gouvernement et le représente dans chaque *comitat*. Les efforts faits récemment pour modifier cet ordre de choses ont échoué devant l'obstruction systématique organisée par l'opposition. Le royaume est divisé en 73 comitats administrés: 1° par une Chambre élue pour six ans par les plus imposés, avec adjonction des capacités (*virilistes*), et 2° un conseil permanent (*verwaltungsausschuss*) composé des principaux fonctionnaires des grandes administrations et d'un nombre égal de membres élus par la Chambre. Ce dernier est le pouvoir exécutif de l'administration scolaire, comme de toutes les autres administrations.

Les comitats sont divisés en districts ou arrondissements, à la tête desquels se trouve un sous-préfet nommé par la Chambre.

Chaque commune est administrée par un conseil élu, moitié par les plus imposés et moitié par les autres citoyens. Le pouvoir exécutif appartient au maire nommé par le conseil ; ce magistrat est en même temps juge de paix.

CHAPITRE I

AUTORITÉS SCOLAIRES

A. — AUTRICHE

L'organisation administrative étant connue, il sera facile de comprendre l'organisation scolaire. Il y a, en effet, dans chaque province un pouvoir délibérant (*Schulrath*), et un pouvoir exécutif, les inspecteurs. Nous trouverons donc : 1° Un conseil provincial (*Landesschulrath*) avec des inspecteurs provinciaux; 2° Un conseil scolaire départemental *Bezirksschulrath*) et des inspecteurs ; 3° Un conseil local ou communal (*Ortsschulrath*).

Je dois encore faire remarquer que les lois scolaires ont trois origines : 1° La constitution (*staatsgrundgesetz*) qui, dans son article 17, accorde la liberté de l'enseignement et décrète sa neutralité religieuse. 2° Les lois d'empire (*Reichsgesetze*) applicables à toute la monarchie : ce sont les lois des 25 mai 1868, 14 mai 1869 modifiée par celle du 2 mai

1883 (1), qui règlent, la première, le rapport de l'Eglise avec l'école, et la seconde, l'organisation de l'enseignement. 3° Enfin les lois provinciales (*Landesgesetze*) faites par les Landtags et applicables seulement à la province soumise à la juridiction de chacun d'eux. A cette catégorie appartient l'importante loi du 5 avril 1870.

I

Conseil scolaire provincial
(*Landesschulrath*)

Le conseil provincial est la plus haute autorité scolaire de la province.

Son action s'étend :

1° A tous les établissements scolaires soumis à la surveillance des conseils départementaux de la province ;

2° Aux écoles normales d'instituteurs et d'institutrices et aux écoles primaires y annexées ;

3° Aux établissements d'instruction secondaire (*Gymnase — Realgymnase — Realschulen*) et à tous les établissements privés et d'enseignement spécial de son ressort, en tant qu'ils sont soumis à la direc-

(1) Voir la traduction de cette loi, à la fin du volume.

tion et à la surveillance du ministre de l'instruction publique.

Il se compose :

1° Du gouverneur ou de son représentant comme président ;

2° De quatre membres délégués de la Diète provinciale ;

3° D'un délégué du gouvernement pour les affaires administratives et économiques ;

4° Des inspecteurs provinciaux des écoles ;

5° D'un membre des clergés catholique, évangélique et israélite ;

6° De trois membres du conseil municipal de Vienne élus par leurs collègues ;

7° De trois membres du corps enseignant.

Les membres du conseil désignés sous les numéros 3, 4, 5, 7, sont nommés par l'empereur sur la proposition du ministre de l'instruction publique. Les membres désignés sous les numéros 2, 5, 6, 7, sont nommés pour trois ans. Les membres du corps enseignant reçoivent seuls un traitement de l'Etat.

Le conseil provincial est substitué à toutes les anciennes autorités politiques, religieuses ou scolaires, dans les limites tracées par la loi d'empire du 25 mai 1868.

En ce qui concerne les écoles primaires, son action s'étend à tout ce qui fait l'objet de la loi d'empire du 14 mai 1869 et du 15 avril 1870. Il a les droits de l'Etat pour la surveillance de l'enseignement religieux.

Il a en outre :

1° La surveillance des conseils départementaux et locaux, l'inspection et la direction des écoles normales ;

2° La constatation de la capacité légale des candidats aux fonctions de directeur, de professeur et d'adjoint, en tenant compte des droits des communes, des corporations et des particuliers ;

3° L'approbation du programme d'études, du matériel d'enseignement et des livres destinés à l'enseignement dans les écoles secondaires et spéciales ;

4° L'action immédiate, continue, sur les affaires scolaires, didactiques et pédagogiques.

Il doit adresser tous les ans au ministre de l'instruction publique un rapport sur les affaires scolaires de la province.

L'inspection périodique, la direction des examens, la surveillance de la direction des écoles, des conseils départementaux et communaux et des inspecteurs départementaux est exercée par les inspecteurs provinciaux des écoles qui reçoivent les instructions du ministre de l'instruction publique par l'intermédiaire du conseil provincial.

Le gouverneur peut désigner pour remplir ces

fonctions les membres du conseil désignés au n° 7.

Le conseil peut en outre choisir dans son sein des inspecteurs extraordinaires.

Les conseils scolaires provinciaux sont au nombre de quinze, bien qu'il y ait dix-sept provinces; les provinces d'Istrie, de Trieste n'ont, pour elles deux, qu'un seul conseil scolaire; il en est de même pour les provinces du Tyrol et du Vorarlberg.

Inspecteurs provinciaux
(*Landesschulinspector*).

Les inspecteurs provinciaux sont chargés de veiller à l'exécution des lois et ordonnances édictées par les Chambres législatives et par les Diètes provinciales.

Ils sont nommés par l'empereur sur la proposition du ministre de l'instruction publique (1) et choisis parmi les savants qui, dans leurs fonctions publiques, ont fait preuve d'aptitudes spéciales tant au point de vue scientifique qu'au point de vue didactique et pédagogique.

Leur nombre ne peut être inférieur à trente-six (2). L'étendue de leur circonscription d'inspection ainsi que leur résidence officielle sont fixées par le ministre de l'instruction publique.

(1) Loi d'empire du 26 mars 1869, art. 2.
(2) Loi d'empire du 6 avril 1872.

Ils sont divisés en deux classes. Ceux de la première, au nombre de dix-huit, ont un traitement de 2.700 florins, ceux de la seconde touchent 2.400 florins, avec augmentation quinquennale de 400 florins jusqu'au maximum de 3.600 florins. Leur indemnité de résidence est, à Vienne, de 800 florins, dans les capitales provinciales de 480 florins, dans les villes de 10.000 à 50.000 habitants de 400 florins. Des frais de déplacement leur sont en outre alloués.

Ils font partie de la sixième classe de fonctionnaires (*Diætenclasse*), c'est-à-dire qu'ils ont un rang équivalent à celui de colonel dans l'armée. Ceci exige quelques explications. En Autriche, tous les fonctionnaires civils sont divisés en classes jouissant de prérogatives fixées par la loi. A la première classe appartient le président du conseil des ministres; à la deuxième, les ministres, le premier président de la Cour de cassation, le premier président de la Cour des comptes, etc. A la sixième qui nous occupe en ce moment, appartiennent, outre certains fonctionnaires, les professeurs des universités et les inspecteurs scolaires provinciaux; à la dixième et avant-dernière classe appartiennent les maitres et maitresses adjoints des écoles normales. Les instituteurs étant des fonctionnaires communaux n'entrent pas dans cette classification.

A chacune de ces classes est attribué un traitement fixe, des frais de représentation ou une indemnité de résidence variable suivant le chiffre de la population. C'est ainsi que le premier ministre jouit d'un traitement fixe de 24.000 florins, auquel s'ajoutent 28.000 florins de frais de représentation et de résidence. Ceci dit une fois pour toutes, je reviens à mon sujet.

Lorsque la législation de la province le permet, le ministre de l'instruction publique, après entente avec le ministre de l'intérieur, peut nommer un rapporteur chargé spécialement des affaires administratives et économiques des écoles de sa circonscription.

Il peut encore, si le besoin s'en fait sentir, charger un ou plusieurs membres du conseil scolaire provincial des fonctions d'inspecteur. Dans ce cas, le traitement est fixé par le ministre.

Les droits et les devoirs des inspecteurs provinciaux sont établis par l'ordonnance ministérielle du 11 juillet 1869 et la loi du 12 octobre 1870.

Ils doivent veiller à ce que l'école reste étrangère à la politique, aux menées des partis et des différentes confessions religieuses.

Ils sont tenus de s'intéresser non seulement à ce qui touche à la pédagogie, mais encore à l'administration et à l'économie des écoles.

Chaque inspecteur se rend dans l'espace de trois années dans toutes les circonscriptions de son ressort et visite dans chacune d'elles plusieurs écoles de différentes catégories. Il reçoit les communications et les vœux de toutes les personnes préposées à leur surveillance, et leur donne des conseils.

S'il constate une infraction aux règles pédagogiques, il en fait immédiatement l'observation et au besoin rédige un procès-verbal qu'il adresse au conseil provincial, sans être tenu d'en laisser copie aux intéressés.

Il se met en rapport avec le président du conseil départemental, et en particulier avec l'inspecteur, et s'entend avec eux pour les mesures à prendre.

Il visite les écoles normales et les écoles d'application qui y sont annexées.

Il assiste dans chaque classe à la leçon du professeur et interroge en sa présence quelques élèves.

Il examine les livres et tous les objets servant à l'enseignement; il s'assure que la discipline est bien observée et les locaux bien tenus; il parcourt les registres officiels du directeur et les procès-verbaux des conférences.

Son inspection terminée, il réunit les maîtres, leur en fait connaître les résultats et les observations qui en découlent. Lorsque le conseil le désire, il est tenu de présider les épreuves pour l'obtention du certificat de maturité des écoles normales.

Il préside enfin les conférences provinciales et surveille les travaux des conférences départementales des instituteurs.

D'après ce qui précède, on voit que les fonctions de l'inspecteur provincial se rapprochent sensiblement de celles de nos inspecteurs d'Académie, sauf cependant en ce qui concerne les établissements d'enseignement secondaire, pour lesquels il y a des inspecteurs spéciaux.

II

Conseil scolaire départemental (*Bezirksschulrath*).

La circonscription scolaire (*Schulbezirk*) a la même étendue que la circonscription politique (*Bezirk*) ; celle-ci peut cependant être divisée en plusieurs circonscriptions scolaires.

Les villes, comme Vienne, par exemple, qui ont un statut communal propre, forment à elles seules une circonscription scolaire.

La Basse-Autriche est divisée en dix-huit circonscriptions.

Le conseil départemental se compose :

1° Du préfet (*Bezirkshauptmann*) ;

2° De deux membres élus par la conférence départementale des instituteurs, des directeurs d'écoles normales, des directeurs des établissements secondaires et des écoles primaires supérieures existant dans le département ;

3° D'un représentant de chaque religion comptant plus de 500 fidèles dans le département, nommés par le gouverneur

4° De membres élus par les maires de toutes les communes de la circonscription réunis dans ce but au chef-lieu. Leur nombre, qui est fixé par le conseil scolaire provincial, ne peut être inférieur à celui des circonscriptions scolaires du département, ni à celui de tous les autres membres du conseil, afin qu'ils puissent avoir à eux seuls la majorité absolue.

En même temps que les membres titulaires, on élit un nombre égal de membres suppléants (à l'exception de Vienne).

Sont éligibles tous ceux qui peuvent être élus au conseil municipal.

Dans les villes qui ont un statut communal, à Vienne, par exemple, le conseil se compose :

1° Du maire comme président ;

2° De quatre membres élus par la conférence des

instituteurs de la circonscription, dont deux écoles élémentaires et deux des écoles supérieures;

3° De trois membres dont un choisi par le conseil provincial parmi le directeur et les professeurs de l'école normale, et les deux autres élus par les directeurs des écoles secondaires ;

4° D'un représentant des cultes catholique, évangélique et israélite, nommé par le gouverneur;

5° De membres élus par le conseil municipal en nombre égal à la moitié plus un, de sorte que leurs propositions puissent obtenir la majorité absolue des suffrages.

Tous les membres sont nommés pour trois ans; ils désignent leur vice-président au scrutin secret, à la majorité absolue des voix ; cette élection doit être confirmée par le gouverneur.

Le conseil se réunit au moins une fois par mois en session ordinaire.

Il peut en outre être convoqué en session extraordinaire lorsque le président le juge nécessaire, ou que deux de ses membres le demandent.

Si un des membres élus par le conseil municipal ou par la conférence des instituteurs ne peut, pendant un certain temps, assister aux séances, il est remplacé par un suppléant.

Les suppléants élus par le conseil municipal sont convoqués aux réunions avec voix délibérative lorsqu'il s'agit d'étabir le budget ou de modifier le classement des écoles.

L'autorité du conseil départemental s'étend à toutes les écoles primaires du département.

Sa sphère d'action est fixée par la loi du 25 avril 1870, et en particulier par les articles 34 et 35.

Il est chargé :

1° De la défense des intérêts des écoles de la circonscription;

2° De l'application des lois et ordonnances ;

3° De la notification à la direction de chaque école des prescriptions de l'autorité religieuse pour l'enseignement de la religion, en tant qu'elles sont conformes aux lois et règlements existants ;

4° De l'exécution des formalités nécessaires pour l'agrandissement des écoles ou la construction de nouvelles ; de l'approbation des plans et devis. Il tranche en première instance les difficultés soulevées par la direction des travaux ;

5° D'exercer le droit de tutelle de l'Etat dans l'administration financière des fondations, dotations et autres revenus scolaires, dans le cas où une autre autorité n'en serait pas chargée ;

6° De juger en première instance les contestations au sujet des contributions scolaires, lorsqu'elles ne sont pas du ressort de l'Etat ou de la province;

7° De la nomination provisoire aux emplois vacants ;

8° D'accorder aux instituteurs des congés de plus de trois jours ;

9° De veiller au perfectionnement du personnel enseignant et à la tenue régulière des conférences départementales des instituteurs. Il a en outre la surveillance des bibliothèques des maitres et des élèves ;

10° De rédiger les certificats de service demandés par les instituteurs ;

11° D'organiser les conseils locaux et de s'assurer de leur bon fonctionnement ;

12° D'organiser une inspection extraordinaire des écoles ;

13° De fixer, après accord avec le conseil local, l'époque et la durée des vacances ;

14° De fournir les renseignements demandés par les autorités supérieures, de formuler des propositions et de rédiger des rapports périodiques.

L'appel des décisions du conseil départemental est porté devant le conseil provincial. Dans les cas urgents, le président peut trancher le différend, à la condition de soumettre sa décision au conseil dans sa première réunion.

Inspecteurs départementaux

(*Bezirsschulinspectoren*).

Dans chaque département, il y a un ou plusieurs inspecteurs, suivant les besoins du service. Ils sont nommés pour trois ans par le ministre de l'instruction publique, sur une liste de présentation portant trois noms, dressée par le conseil provincial. Cette liste n'est définitivement acceptée qu'après un rapport du conseil départemental.

Les fonctions d'inspecteurs départementaux n'ont pas le caractère de fixité que possèdent celles des inspecteurs provinciaux. Ce sont des directeurs ou des professeurs des écoles primaires supérieures, des écoles normales ou de l'enseignement secondaire, et même quelquefois des professeurs des universités momentanément chargés de l'inspection des écoles primaires. Ils ne font pas partie d'une classe spéciale de fonctionnaires (dilltenclass), mais conservent dans leurs nouvelles fonctions la classe à laquelle ils appartenaient avant de les remplir, c'est ainsi qu'il y en a de la IXe, VIIIe, VIIe et même de la VIe. Ils touchent les traitements afférents à ces différentes classes et de plus une indemnité de résidence et des frais de déplacements. Il y a deux ans, le ministre de l'instruction avait formé le projet de rendre leurs fonctions permanentes et de les ranger définitivement dans les VIIIe et IXe classes de fonctionnaires, mais ce projet a été abandonné.

A partir de sa nomination, l'inspecteur fait de droit partie du conseil départemental si, avant elle, il n'en était déjà membre (à Vienne, les trois inspecteurs font partie de ce conseil). Dans le cas où leur nombre serait augmenté, le gouverneur désignerait ceux qui devraient en faire partie.

La surveillance immédiate de l'enseignement religieux appartient aux autorités religieuses, mais l'inspecteur en a la surveillance générale en vertu de l'art. 2 de la constitution et dans les limites tracées par la loi d'empire du 25 mai 1868.

Les directeurs d'écoles et les professeurs peuvent être appelés à remplir les fonctions d'inspecteur avec le consentement des personnes chargées de l'entretien de l'école ; dans ce cas, ils sont remplacés aux frais du budget scolaire pendant la durée de leurs fonctions.

L'inspecteur doit visiter périodiquement les écoles de sa circonscription. Il fait aux instituteurs, en dehors de la présence des élèves, toutes les observations qu'il juge nécessaires au point de vue didactique et pédagogique. Il préside la conférence départementale des instituteurs.

Au cours de ses tournées d'inspection, il porte

particulièrement son attention : sur les résultats obtenus par l'action immédiate des comités locaux et de leurs délégués ; sur l'observation des lois et règlements, lors de l'admission et de la sortie définitive des enfants ; sur l'aptitude, la capacité, le zèle, l'application des instituteurs, sur la discipline, l'ordre et la propreté des écoles ; sur la stricte exécution du plan d'études ; sur l'application des méthodes d'enseignement et les progrès des enfants, sur la bonne tenue des livres et des objets servant à l'enseignement ; sur la situation économique de l'école et les occupations accessoires des maîtres.

Dans chaque école, il s'assure :

1° Si l'école est bien construite ; si rien, dans son voisinage, n'en contrarie l'hygiène, et s'il n'existe aucune cause de gêne ou de danger pour les écoliers qui la fréquentent ;

2° Si toutes les classes et leur matériel sont en bon état ; si toutes les mesures sont prises pour qu'elles soient convenablement chauffées, ventilées, et si elles sont en parfait état de propreté ;

3° S'il existe un gymnase et, dans les écoles rurales, un jardin servant à l'enseignement pratique de la culture du sol et des arbres fruitiers, de l'élevage des vers à soie et des abeilles ;

4° Si l'école possède tous les objets nécessaires à

l'enseignement, et s'il existe une bibliothèque pour les maîtres et les élèves.

5° Si les livres donnés gratuitement aux indigents leur sont régulièrement distribués, et s'ils procurent les résultats utiles qu'on en attend ;

6° Si les registres scolaires sont bien tenus et si tous les enfants soumis à l'obligation fréquentent régulièrement l'école et comment ils sont instruits, en particulier si l'on fait quelque chose pour les sourds-muets et les aveugles.

Il s'assure qu'aucun enfant n'est admis avant l'âge réglementaire et qu'aucun n'y est conservé après avoir fait preuve des connaissances exigées pour la sortie.

Un point important doit attirer son attention : c'est la façon dont le maître surveille la fréquentation régulière de l'école, s'il réprimande les enfants et signale les absences, et s'il conserve à l'école ceux qui, à cause de leurs nombreuses absences, n'ont pu acquérir les connaissances exigées pour la sortie définitive.

7° Si les fonds provenant de donations sont employés suivant les désirs des donateurs ;

8° Si les maîtres remplissent leurs devoirs régulièrement et assidûment, et s'ils touchent sans difficulté leur traitement ;

9° Si la distribution des heures de classe est bien

faite et en rapport avec les besoins des élèves ; si l'instituteur se soumet au programme d'étude adopté ; s'il ne se sert que des livres autorisés par l'autorité scolaire, et s'il emploie les meilleures méthodes d'enseignement ;

10° Si le personnel enseignant est dévoué ; s'il a une action évidente sur le développement intellectuel des enfants, et par quels moyens il l'obtient ;

11° Si les conférences mensuelles sont régulièrement faites et fréquentées par la plupart des maîtres ;

12° Si les autorités locales remplissent bien leur devoir ;

13° Si, dans les écoles privées, les conditions imposées lors de leur création sont observées, et si on se renferme dans les limites fixées par la loi.

A la fin de chaque année scolaire, l'inspecteur adresse au conseil provincial un rapport détaillé sur la situation de tous les établissements soumis à son inspection.

III

Conseil scolaire local

(Ortsschulrath).

La juridiction de ce conseil s'étend sur toutes les écoles primaires entretenues en partie ou en totalité par les fonds de l'Etat, de la province, du département ou de la commune.

A Vienne, il y a un conseil pour chaque arrondissement; en province, il y en a un par commune. Cependant dans les villes où il y a de nombreuses écoles, on peut créer plusieurs circonscriptions scolaires et autant de conseils, sur la demande de l'autorité municipale et l'approbation du conseil départemental. Au contraire, il n'y a qu'un seul conseil scolaire pour plusieurs communes lorsque, à cause du petit nombre de leurs habitants et de leurs écoles, ces communes sont groupées pour former une seule commune scolaire (*Schulgemeinde*).

Le conseil scolaire se compose : 1° à Vienne, des membres élus par le conseil municipal pour le 1er arrondissement et par le conseil de chaque arrondissement (*Bezirksausschuss*) pour les autres ; 2° dans les communes, de membres élus par le Conseil municipal. Lorsque la circonscription scolaire est formée de plusieurs communes, le conseil municipal de chacune d'elles élit un nombre de conseillers proportionnel au chiffre de sa population.

Le nombre des conseillers à élire est fixé par le conseil départemental et ne peut être inférieur à 5. Ils sont élus à la majorité absolue pour 3 ans.

On élit en outre de la même manière deux membres suppléants qui prennent la place de ceux qui, pour une cause ou pour une autre, ne font plus partie du conseil, ou qui, pour un temps plus ou moins long, ne peuvent prendre part à ses travaux.

Sont éligibles : tous ceux qui remplissent les conditions d'éligibilité à Vienne pour le conseil d'arrondissement, et dans les autres communes, pour le conseil municipal.

La perte de ce droit d'éligibilité entraîne l'exclusion du conseil scolaire.

Un membre élu ne peut refuser son mandat, à moins qu'il n'ait déjà été membre du conseil local pendant les trois dernières années, ou qu'il prouve qu'il ne présente pas les conditions d'éligibilité pour le conseil municipal ou qu'il a le droit de refuser d'entrer dans ce dernier conseil.

Le membre élu qui refuse de remplir ses fonctions est passible d'une amende de 10 à 100 florins, infligée par le conseil départemental.

Cette amende est versée à la caisse des écoles.

Le directeur de l'école a voix délibérative dans les séances du conseil.

Si l'action du conseil s'étend à plusieurs écoles, le conseil départemental nomme le directeur qui jouira de ce droit ; cependant, lorsqu'il s'agit de questions intéressant particulièrement une école, son directeur a le droit d'assister aux délibérations avec voix consultative.

Lorsqu'il s'agit de l'enseignement religieux, le professeur de religion, s'il n'est pas membre élu du conseil, est admis avec voix délibérative, et s'il y a des professeurs pour chacune des confessions religieuses, ce droit appartiendra à celui d'entre eux qui occupe le rang le plus élevé et, en cas d'égalité, à celui qui a le plus d'années de service.

Dans les écoles pourvues d'un patron, le patron ou son représentant jouira aussi du droit de vote.

Le conseil nomme, au scrutin secret et à la majorité absolue, pour trois ans, un président et un vice-président choisis dans son sein. En cas d'absence du président et du vice-président, la vice-présidence appartient au doyen d'âge.

Le conseil, une fois constitué, doit immédiatement en faire part au conseil scolaire départemental et au conseil municipal.

Le conseil local se réunit au moins une fois par mois en session ordinaire ; mais il peut en outre être convoqué par son président en session extraordinaire, sur la demande de deux de ses membres.

Les décisions ne sont valables que si elles sont prises au moins par la moitié plus un des membres; elles doivent toujours réunir la majorité absolue des voix. Le président ne vote que lorsqu'il y a partage des suffrages. Il a le droit de suspendre l'exécution des mesures qui lui semblent contraires à la loi ou aux intérêts de l'école ; mais il est tenu d'en appeler immédiatement à la décision du conseil départemental.

Les appels contre les décisions du conseil local sont soumis au conseil départemental, qui juge en dernier ressort. Si, dans les quinze jours qui suivent, il n'y a pas d'opposition, elles sont immédiatement exécutoires.

Aucun membre du conseil ne peut prendre part aux délibérations lorsqu'il s'agit d'affaires qui le concernent spécialement.

Les fonctions de conseiller scolaire local sont gratuites. Les dépenses propres du conseil sont payées par la caisse communale.

Le conseil scolaire local doit, dans les écoles soumises à sa juridiction, veiller à l'exécution des lois scolaires et des ordonnances rendues par les autorités scolaires.

Il doit par conséquent, en vertu de la loi provinciale du 5 avril 1880 (art. 19, 27 et 48), surveiller la comptabilité de l'école, et la fréquentation des classes ; dresser la liste de ceux qui jouiront de la gratuité; et, en vertu des articles 1 et 5 de la seconde loi de la même date, proposer la nomination d'instituteurs aux emplois vacants.

Il doit en outre

1° Fixer les heures de classe et distribuer le temps dans la limite fixée par les règlements ;

2° Surveiller l'enseignement et la discipline pendant les heures de classe ;

3° Donner son appui et son aide à l'instituteur pour l'accomplissement de ses devoirs ;

4° Accorder aux maîtres des congés qui ne dépasseront pas trois jours ;

5° Régler les différends qui peuvent s'élever entre les instituteurs eux-mêmes ou entre eux et la commune ou les parents ;

6° Inspecter les bâtiments de l'école et surveiller les inventaires ;

7° Recueillir et administrer en toute sécurité les fonds scolaires et en surveiller l'emploi ;

8° Inventorier et conserver avec soin tous les titres et documents de quelque valeur ;

9° Faire annuellement l'exposé des besoins de l'école et l'adresser soit au conseil départemental, soit au conseil municipal, suivant qu'ils entrent dans les attributions de l'un ou l'autre de ces conseils ;

10° Etablir les comptes de recettes et de dépenses ;

11° Rédiger les rapports et fournir les renseignements demandés par les autorités scolaires communales ou départementales.

Si une école reçoit les enfants de plusieurs hameaux dont l'ensemble ne constitue pas une commune, chacun d'eux doit contribuer aux dépenses de l'école dans les proportions fixées par le conseil scolaire local.

Les écoles primaires annexées aux écoles normales ne sont pas sous la juridiction des conseils scolaires locaux, à moins cependant qu'elles ne soient entretenues en tout ou en partie par la commune. Dans ce cas, elles sont soumises à l'action de ces conseils, et cela seulement dans les limites des attributions énoncées plus haut sous les nos 6 à 10.

Délégués scolaires
(*Ortsschulaufseher*).

Pour assurer la surveillance continue des écoles et veiller à l'exécution de ses prescriptions, le conseil local nomme un délégué choisi dans son sein.

Ce délégué doit visiter souvent l'école et se tenir en relation constante avec le directeur; lorsqu'il y a plusieurs maîtres, il a le droit d'assister à leurs conférences.

Dans les circonscriptions ou les communes ayant

plusieurs écoles, il peut y avoir aussi plusieurs délégués, sans préjudice du droit d'inspection appartenant à tout membre du conseil.

Ni le délégué ni un autre membre du conseil n'a le droit, pendant les heures de classe et devant les élèves, de faire des observations sur leur tenue aussi bien que sur les moyens employés pour les instruire.

Ils peuvent, dans les limites de leurs attributions, et sans approbation du conseil, faire exécuter immédiatement les améliorations qu'ils jugent nécessaires.

Les villes qui ont un statut communal propre, peuvent, avec l'autorisation du conseil scolaire départemental, se dispenser de nommer des délégués.

B. — HONGRIE

Depuis 1848, ce royaume a un ministre de l'instruction publique qui, sous l'autorité du roi, a la haute direction et la surveillance de l'enseignement à tous les degrés.

Il n'a pas auprès de lui un conseil supérieur permanent ; mais il fait appel aux lumières des personnes les plus compétentes, lorsqu'il veut prendre des décisions importantes.

Les comitats sont réunis, selon leur importance, en districts scolaires ayant chacun un conseil (*Districtualschulrath*) et un inspecteur.

Il y a actuellement 66 districts scolaires et seulement 58 inspecteurs à cause du peu d'étendue de certains districts.

Le ministre peut en outre nommer des inspecteurs spéciaux lorsqu'il veut être renseigné sur le bon fonctionnement de toutes les institutions scolaires.

Dans chaque commune ou groupe de communes, il y a également un conseil scolaire (*gemeindeschulkommission*).

Afin de ne pas me répéter, je n'indiquerai ici que ce qui, soit dans la composition, soit dans les attributions de ces autorités scolaires, diffère de ce que j'ai dit au sujet des autorités correspondantes autrichiennes.

Pour plus amples détails, il sera nécessaire de lire les lois du 5 décembre 1868 et du 6 juin 1876 ainsi que les divers règlements ministériels en date du 2 septembre 1876 (1).

I

Conseil scolaire de district

(*Districktualschulrath*).

Sa composition diffère un peu de celle du conseil départemental autrichien : ainsi les représen-

(1) Die Ungarischen Schulgesetze, par Schwicken, 1877.

tants des différentes confessions religieuses sont nommés par leurs collègues, et les représentants du corps enseignant, au nombre de quatre, sont nommés par tous les instituteurs. Les autres membres, dont le nombre varie de 14 à 34, sont nommés par le conseil du comitat.

Dans les comitats qui possèdent des villes pourvues d'un statut communal, chacune d'elles élit un nombre de membres fixé d'après le rapport de sa population avec celle du comitat tout entier. Tous sont élus pour cinq ans et sont rééligibles.

La ville de Buda-Pesth, à elle seule, forme un district scolaire ; son conseil scolaire est nommé par le conseil municipal ; il est l'organe délibérant de l'autorité municipale dans toutes les questions d'enseignement et d'éducation.

Les décisions prises par ces conseils sont exécutées par le conseil permanent ou délégation du municipe (*Verwaltungs ausschuss*). Ses attributions sont fixées par les articles 27 et suivants de la loi de 1876 :

1° Il veille à l'établissement et à l'agrandissement des écoles ; à la stricte exécution des lois et des ordonnances du ministre de l'instruction publique, ainsi que des décisions de l'inspecteur ;

2° Il organise les commissions locales ;

3° Il fait ses propositions au ministre pour la

nomination et le déplacement des instituteurs ;

4° Il prend les mesures nécessaires pour la fréquentation régulière des écoles ;

5° Il fait des propositions au ministre concernant les secours à accorder aux écoles, la création d'écoles libres, la fermeture des écoles tenues illégalement ;

6° Il contrôle le budget des écoles communales et surveille l'emploi des subventions accordées ;

7° Il pourvoit aux besoins scolaires des enfants pauvres ;

8° Il juge en dernière instance les différends survenus entre les parents des élèves et les maîtres, et en première instance ceux qui se produisent entre les maîtres et les commissions locales ;

9° Il prononce des condamnations disciplinaires contre les fonctionnaires et les membres des commissions qui ne remplissent pas les devoirs de leur charge ;

10° Il confisque les livres non autorisés et poursuit les délinquants devant les tribunaux compétents, qui les condamnent à des amendes pouvant s'élever jusqu'à 300 florins ou à un emprisonnement de 1 à 3 mois.

Inspecteurs.

Il y a en général un inspecteur par district scolaire. Cependant, lorsque deux comitats voisins sont peu importants, soit par leur étendue géographique, soit par le nombre de leurs écoles ou le chiffre de la population, ils n'ont qu'un inspecteur.

Par contre, lorsque le chiffre de la population est considérable et que le comitat comprend plus de 300 communes, il y a un inspecteur-adjoint. De plus, le ministre de l'instruction publique peut charger de la visite des écoles une ou plusieurs personnes dévouées aux choses de l'enseignement.

Les droits et les devoirs de l'inspecteur sont déterminés par les lois et ordonnances indiquées plus haut. Ils diffèrent peu de ceux de l'inspecteur autrichien. Je dois cependant faire remarquer qu'ils sont plus limités en ce qui concerne les écoles confessionnelles, si nombreuses encore en Hongrie. C'est ainsi que, dans ces dernières, il n'a pas le droit de surveiller et encore moins de critiquer le système et les méthodes d'enseignement. Il doit seulement veiller à ce que le programme des études soit observé, qu'il ne soit pas employé de livres contraires à la morale et aux lois ; enfin que les règles de l'hygiène soient appliquées. Il est tenu de les visiter au moins une fois par an et de consigner, dans un rapport au ministre, les résultats de son inspection.

II

Commissions locales.

Nous verrons plus loin que les écoles primaires appartiennent soit à l'Etat, soit à la commune, soit à une confession religieuse. Les devoirs des commissions étant différents suivant que leur action s'exerce sur l'une ou sur l'autre de ces écoles, la loi de 1876 a créé, pour chacune de ces catégories, des commissions spéciales.

1° Commission des écoles de l'Etat (*Schul-Curatorium*).

Les membres de cette commission, choisis parmi les personnes compétentes en matière d'enseignement résidant dans la localité, sont nommés pour six ans par le ministre de l'instruction publique.

Ils sont au nombre de 3 à 5 pour les écoles élémentaires, et de 7 à 9 lorsque l'établissement comprend en outre une école primaire moyenne.

Un instituteur en fait partie de droit ; dans les écoles à plusieurs classes, c'est le directeur qui est choisi.

La commission choisit dans son sein un ou deux secrétaires et un trésorier. Le président est nommé par le ministre. Elle se réunit tous les mois et plus souvent, si cela est nécessaire.

Ses attributions sont sensiblement les mêmes que celles des commissions communales dont je vais parler.

2° Commission des écoles communales
(*Gemeindeschulkommission*).

Elle se compose : 1° du maire président, 2° du professeur de religion, 3° de un ou de deux instituteurs, 4° de deux membres du conseil municipal. Si l'école est utilisée par plusieurs communes, la délégation du comitat désigne celui des maires qui a la présidence. Les israélites ont le droit de désigner un de leurs coreligionnaires pour faire partie de la commission, si le nombre de leurs enfants qui fréquentent l'école dépasse 20.

Les membres élus qui refusent sans motif sérieux de remplir leur mission sont condamnés, par les délégations du comitat, à une amende de 5 à 40 florins.

Ils sont nommés pour trois ans et rééligibles. Leur nomination est signifiée à l'inspecteur.

Dès la première séance, chaque membre est invité à prêter, entre les mains de l'inspecteur ou de son représentant, un serment dont la formule est donnée par l'article 13 de l'instruction pour les autorités administratives, et dont voici la traduction :

« Moi N., je jure par le Dieu vivant, dans l'exer-
« cice des fonctions de membre de la commission
« scolaire auxquelles j'ai été appelé par le libre
« choix de mes concitoyens, de remplir mes devoirs
« avec zèle et dévouement, de faire tout mon pos-
« sible pour soutenir nos écoles et développer leur
« enseignement, et en particulier pour convaincre
« les parents de la nécessité d'envoyer leurs en-
« fants à l'école, en leur faisant connaître aussi les
« ordonnances qui réglementent l'obligation de
« les fréquenter ; enfin de veiller avec soin à la
« bonne administration des biens et des revenus de
« l'école et à leur emploi économique. Que Dieu
« m'aide. »

Buda-Pest est divisée en 18 circonscriptions, ayant chacune une commission scolaire dont les membres sont élus par les électeurs de la circonscription. Les curés et pasteurs de toutes les paroisses qu'elle comprend en font partie de droit.

La compétence de la commission s'étend à toutes les écoles élémentaires communales et privées, crèches et écoles de garde, sur les asiles de charité et les orphelinats, mais non sur les écoles *appartenant à une communauté religieuse.*

Chacune de ces institutions est visitée toutes les semaines par un des membres de la commission, qui ne peut user de son droit de surveillance que sous le rapport de l'hygiène et de la police extérieure.

En ce qui concerne les écoles communales, ses droits et ses devoirs sont exposés avec détails dans le chapitre deuxième de la circulaire ministérielle du 2 septembre 1876. Je ne citerai que les principaux.

Elle nomme les instituteurs et les institutrices adjoints.

D'accord avec la municipalité, elle fixe le chiffre de l'écolage, les dépenses à faire pour la construction, l'aménagement et l'entretien des écoles, l'achat des livres et des objets d'enseignement, le traitement et les pensions des instituteurs, les secours à accorder aux veuves et aux orphelins; enfin elle administre les biens provenant de fondations et de legs, établit les revenus et ordonne les dépenses.

Elle veille à la stricte exécution de la loi sur l'obligation, prononce les peines encourues par les délinquants, règle les différends survenus entre les maîtres et les parents des élèves, et s'assure, par de fréquentes visites, de la bonne tenue de l'école, de la vigilance des maîtres et de l'observation des lois et règlements.

Elle procède aux examens des élèves, des écoles privées et provoque la fermeture de celles de ces écoles qui sont mal tenues ou qui ne sont pas autorisées.

3° Commission des écoles confessionnelles (*Confessionnel Schul-Kommission*).

Les communautés religieuses propriétaires d'écoles sont tenues d'élire une commission et d'envoyer à l'inspecteur primaire la liste des membres élus.

L'autonomie accordée à ces écoles donne aux commissions des pouvoirs très étendus. C'est ainsi qu'elles nomment les instituteurs, choisissent les livres de classes, fixent les systèmes et les méthodes d'enseignement, en tenant compte toutefois des prescriptions légales ; veillent à la fréquentation régulière des écoles et adressent au maire la liste des délinquants et dressent le budget des recettes et des dépenses.

Il va sans dire que leur action, bien qu'indépendante dans une large mesure, est cependant soumise au contrôle de l'Etat, exercé par l'intermédiaire des inspecteurs primaires du comitat.

CHAPITRE II

LES MAITRES.

Le personnel enseignant sort des écoles normales d'instituteurs et d'institutrices qui existent dans chaque province. Pour y être admis, il faut être âgé de 15 ans, et subir avec succès les épreuves d'un concours. Lors de son admission, le candidat doit présenter les pièces suivantes : 1° son acte de naissance ; 2° un certificat du directeur de la dernière école qu'il a fréquentée, indiquant le degré d'avancement de ses études ; et 3° un certificat constatant son aptitude physique, délivré par un médecin officiel.

La durée des cours est de 4 ans ; on y enseigne : la religion, la pédagogie et son histoire, les méthodes d'enseignement et leur application, la langue nationale et sa littérature, une seconde langue dans les provinces où plusieurs sont en usage, les mathématiques (arithmétique, algèbre et géométrie), l'histoire naturelle (zoologie, botanique et minéralogie), la physique et les éléments de la chimie, l'histoire et la géographie, la constitution nationale, l'agriculture, le dessin linéaire et d'imitation, le chant et la musique, enfin l'hygiène. L'enseignement donné dans les écoles normales d'institutrices diffère peu du précédent. On y donne moins de développement à l'étude des sciences mathématiques, mais on y enseigne en plus l'économie domestique et les travaux manuels.

A chaque école normale d'instituteurs ou d'institutrices est annexée un école primaire élémentaire et, de plus, dans ces dernières, une école maternelle pour l'application pratique des méthodes d'enseignement.

A la fin de leurs études, les élèves passent, sous la présidence d'un délégué du conseil scolaire provincial, un examen portant sur toutes les matières enseignées. Ceux qui ont subi avec succès toutes les épreuves de cet examen, reçoivent un certificat de maturité (*zeugnis der Reife*) qui leur donne le droit d'entrer dans les écoles comme instituteurs stagiaires ou provisoires. Ils ne deviennent titulaires qu'après avoir subi de nouvelles épreuves constatant leur aptitude pédagogique (*Lehrbefæhigungs zeugnis*) ; cet examen ne peut être passé qu'après un stage d'au moins deux ans dans une école primaire élémentaire.

Mais ce n'est pas tout, l'instituteur pourvu de

son diplôme n'est pas abandonné à lui-même. Son développement pédagogique et scientifique est poursuivi pendant toute la durée de ses fonctions par des conférences locales mensuelles, départementales annuelles, et provinciales sexannuelles ; par des cours de perfectionnement, et par des bibliothèques qui mettent à sa disposition tous les livres dont il peut avoir besoin.

1° Conférences.

Conférences provinciales.

Elle se réunit tous les six ans, et s'occupe des questions qui lui sont soumises par l'autorité scolaire de la province ; des moyens propres à développer l'instruction ; des droits, des devoirs et des besoins du corps enseignant. Elle peut en outre émettre des vœux et faire des propositions émanant de l'initiative individuelle.

Elle est convoquée par l'autorité scolaire provinciale pendant les grandes vacances et siège au plus pendant cinq jours.

Mais elle peut encore être réunie en session extraordinaire si le besoin s'en fait sentir. Les membres qui doivent y prendre part sont désignés par les conférences départementales. Leur nombre, qui ne peut dépasser trois par circonscription, est fixé par le conseil scolaire provincial, en tenant compte de l'étendue de la circonscription et du nombre des instituteurs. Ils sont élus pour trois ans et rééligibles ; ils ne peuvent refuser le mandat. Les inspecteurs primaires de la province sont membres de droit avec voix délibérative ; il en es de même des directeurs d'écoles normales et d'écoles primaires supérieures, dans le cas où ils n'en feraient pas déjà partie comme membres élus. Le président peut en outre convoquer avec voix délibérative certaines personnes ayant des connaissances spéciales.

Les séances sont publiques, mais le huis-clos peut être prononcé lorsque les circonstances l'exigent.

L'inspecteur provincial des écoles primaires est, de droit, président et choisit le vice-président. Si dans la même province il y a plusieurs inspecteurs, le président est désigné par l'autorité scolaire. Deux secrétaires sont élus par l'assemblée, ils sont rééligibles et ne peuvent refuser ces fonctions.

L'ordre du jour de chaque séance est publié trois mois avant l'ouverture de la session. Pour faciliter ses travaux, la conférence se divise en sections, qui se partagent l'examen des questions inscrites à l'ordre du jour. L'assemblée choisit dans son sein une délégation, sorte de commission permanente qui, sous la présidence d'un inspecteur, s'occupe de toutes les affaires dans l'intervalle des sessions. En général, aucune question n'est soumise à l'assemblée avant d'avoir été étudiée par la délégation ; toutefois, lorsque la question est grave ou urgente, l'assemblée peut, par un vote qui devra réunir les deux tiers des suffrages, décider l'examen immédiat.

Un procès-verbal relatant les travaux, les décisions et les vœux de l'assemblée, est adressé après chaque session, avec le rapport du président, à l'autorité scolaire provinciale, qui le transmet avec ses observations au ministre de l'instruction publique.

Conférences départementales.

Ces conférences ont été établies en vertu des articles 45 et 46 de la loi du 14 mai 1869 et réglementées par l'ordonnance du 8 mai 1872. Elles se tiennent une fois par an, au siège de l'inspection départementale.

Elles ont pour but d'établir l'unité de vue et de moyen dans les affaires scolaires ; de rechercher les améliorations à introduire, et d'en faire l'objet de propositions adressées au conseil scolaire provincial ; enfin de résoudre les questions qui leur sont soumises par ce conseil.

Elles s'occupent en particulier : de la fixation du plan d'étude et de la distribution du temps consacré à chaque matière ; de l'examen des livres d'enseignement et de lecture qui sont en usage, et du matériel scolaire ; des propositions faites pour l'adoption de livres et d'objets d'enseignement nouveau ; de l'examen, de la discussion et de l'adoption, s'il y a lieu, des nouvelles méthodes d'enseignement, dont l'application théorique et pratique a été reconnue avantageuse ; de la création d'écoles enfantines ; de cours de travaux manuels pour les filles ; des bibliothèques scolaires. Elles s'occupent des exercices gymnastiques et de tout ce qui peut être utile à l'hygiène et au développement physique des élèves. Elles favorisent l'extension de l'instruction dans chaque circonscription par la création de cours de perfectionnement et l'établissement d'écoles professionnelles, en tenant compte des besoins locaux. Elles s'efforcent enfin de perfectionner l'instruction théorique et pratique des maîtres, par la fondation de bibliothèques départementales, et par l'ouverture de cours spéciaux.

Sont tenus d'assister aux conférences, dont la durée ne peut dépasser trois jours : 1° les directeurs d'école ; 2° les instituteurs et les institutrices titulaires ; 3° les instituteurs et institutrices adjoints des écoles primaires élémentaires et supérieures pourvus du certificat d'aptitude pédagogique ; 4° les professeurs titulaires de religion ; 5° les directeurs et les professeurs des écoles normales. Les instituteurs et institutrices adjoints pourvus seulement du certificat de maturité sont également tenus d'assister aux conférences, mais uniquement avec voix consultative. Il en est de même des autres membres de l'enseignement public ou privé, qui, bien que n'étant pas obligés d'assister aux séances, désirent, cependant, prendre part aux travaux de la conférence.

L'inspecteur primaire est de droit président ; il choisit lui-même le vice-président. L'assemblée nomme deux secrétaires, qui ne peuvent décliner ces fonctions que s'ils les ont remplies l'année précédente.

L'ordre du jour des différentes séances est publié au moins un mois avant l'ouverture de la session; il peut être modifié ou étendu par un vote de l'assemblée. Avant la clôture de ses travaux, celle-ci nomme une délégation chargée d'étudier, sous la présidence de l'inspecteur, les questions qui seront discutées l'année suivante ; elle nomme la commission chargée de la surveillance de la bibliothèque et désigne les maitres qui devront se rendre à la conférence provinciale. Le procès-verbal des séances et le rapport de l'inspecteur sur leur tenue sont envoyés au conseil départemental, qui en fait l'objet d'un rapport au conseil scolaire provincial. Ce dernier fait connaître les résultats obtenus dans son rapport annuel adressé au gouverneur.

Conférences locales.

Dans les écoles qui ont plusieurs maîtres, ceux-ci se réunissent en conférence au moins une fois par mois pour s'entretenir de tout ce qui concerne l'enseignement, la tenue et l'entretien de l'école, le développement moral et intellectuel de leurs élèves, et se mettre d'accord pour les règles de conduite à suivre ; ils établissent l'horaire, et distribuent dans chaque classe les matières d'enseignement ; ils s'occupent enfin de la discipline et des punitions infligées. Dans le cas de désaccord sur l'application des régles généralement admises le différend est soumis aux autorités scolaires, départementales ou provinciales.

Tous les maîtres titulaires, adjoints ou provisoires, sont tenus d'assister à ces conférences. Ils y ont voix délibérative, à l'exception des derniers qui ne jouissent de ce droit que quand il s'agit d'affaires intéressant directement soit eux-mêmes, soit leurs élèves.

La réunion est présidée par le directeur de l'école et, en cas d'empêchement, par le maître qu'il désigne, ou, en l'absence de celui-ci, par le maître le plus ancien en fonction. Les résolutions adoptées doivent réunir la majorité des suffrages ; en cas d'égalité de suffrages, la voix du président est prépondérante. Chaque membre peut demander un vote nominal avec insertion au procès-verbal, et envoi à l'autorité scolaire départementale.

Le président est tenu de suspendre l'application des résolutions adoptées qui lui semblent contraires aux lois et règlements, ou seulement aux intérêts de l'école, et d'en référer aux autorités scolaires, qui décident en dernier ressort. Après chaque séance, il est rédigé un procès-verbal qui est déposé aux archives de l'école.

2o Cours de perfectionnement.

Ces cours qui ont lieu tous les ans pendant les grandes vacances et durent de quatre à huit semaines, ont été organisés par un arrêté ministériel pris en exécution de l'article 47 de la loi d'empire du 14 mai 1869. Ils se tiennent dans les locaux des écoles normales et roulent sur les matières enseignées dans ces établissements.

Tous les ans, à la fin du premier semestre, l'inspecteur départemental adresse au conseil scolaire provincial la liste des instituteurs qui ont besoin de suivre ces cours. Ce conseil fixe le chiffre des admis, en tenant compte des sommes inscrites au budget à cet effet et des locaux de l'école normale désignés pour les recevoir. Leur nombre ne peut être supérieur à vingt pour chaque branche de l'enseignement. Le programme des cours, ainsi que le temps consacré à chacun d'eux, sont fixés par le conseil scolaire provincial, sur la proposition du corps enseignant de l'école normale.

Les instituteurs désignés pour suivre ces cours reçoivent une indemnité destinée à couvrir leurs frais d'entretien et de déplacement. Ceux qui n'ont pas été choisis sont autorisés à les suivre à titre d'auditeurs libres, à la condition que leur présence ne nuise pas à l'instruction de leurs collègues. A la clôture des cours, il leur est délivré une attestation spéciale.

En outre de ces cours de vacances, les villes qui ont un grand nombre d'instituteurs peuvent, pendant toute l'année, ouvrir des cours de perfectionnement à l'usage du personnel enseignant de leurs écoles.

C'est en vertu de cette liberté que la ville de Vienne a créé son magnifique *Pædagogium*. Cet établissement exclusivement réservé en principe aux instituteurs publics de la capitale, qui y sont admis gratuitement, reçoit néanmoins d'autres maîtres moyennant une rétribution de 20 à 30 florins. Les candidats étrangers à la ville qui veulent y être reçus doivent payer 50 florins, et de plus s'engager à servir pendant six ans dans les écoles communales. Le produit de ces versements est exclusivement affecté à enrichir la bibliothèque et les collections. Les cours embrassent trois années de dix mois chacune ; les élèves y sont partagés en au moins deux sections, celle des sciences et celle des lettres.

Deux écoles d'application, une de filles et une de garçons, y sont annexées, et les cours sont distribués de telle façon qu'il est possible au maître de les suivre en dehors des heures consacrées à leur propre instruction.

3° Bibliothèques.

Dans chaque école primaire communale, existe une bibliothèque à l'usage des maîtres et des élèves, et au chef-lieu de chaque département une bibliothèque exclusivement réservée aux maîtres.

1° *Bibliothèque communale.* — Le directeur de l'école est l'administrateur responsable de la bibliothèque ; c'est lui qui achète les livres désignés par le comité après un rapport fait sur chacun d'eux par un de ses membres. Il s'occupe de l'installation, du classement, de l'entretien et du prêt des livres, conformément au règlement adopté ; il tient enfin un compte exact des recettes et des dépenses.

Dans les écoles à plusieurs classes, il y a un bibliothécaire-adjoint, choisi parmi ses collègues et chargé plus spécialement de la tenue à jour du catalogue de la sortie et de la rentrée des livres.

La désignation du livre à prêter n'appartient pas à l'élève, mais au maître de sa classe, qui base son choix sur l'instruction et les aptitudes de l'élève.

2° *Bibliothèque départementale.* — Elle a pour but de mettre à la disposition des maîtres les ouvrages littéraires et scientifiques, ainsi que les collections qui peuvent leur être utiles et qu'ils ne pourraient se procurer sans des dépenses considérables. Elle est administrée par une commission de trois à cinq membres nommés par la conférence départementale. Elle choisit son président et son vice-président, et partage le travail entre tous ses membres. Après chaque séance est rédigé un procès-verbal qui reste à la bibliothèque, à la disposition de ceux qui désirent le consulter.

La commission fait connaître au conseil scolaire les besoins de la bibliothèque; adresse la liste des ouvrages des collections et autres objets qui peuvent être achetés avec les fonds disponibles; achète dans les cas urgents ce qu'elle croit utile, sauf à en soumettre l'achat à l'acceptation de la conférence; reçoit les dons et legs; établit le budget des recettes et des dépenses pour être soumis au conseil et à la conférence départementale; s'occupe de la conservation des livres et des collections, ainsi que de la tenue à jour du catalogue; elle perçoit enfin les amendes infligées pour retard dans le retour des livres, leur détérioration ou leur perte.

Chaque maître a le droit de proposer l'achat de tel livre ou de tel objet d'enseignement qui lui semble utile; sa proposition écrite doit être envoyée au comité de la bibliothèque au moins trois jours avant la réunion de la conférence.

Ces bibliothèques rendent de très grands services, et, bien que fondées seulement depuis une quinzaine d'années, elles possèdent déjà de nombreux ouvrages et de belles collections.

A Vienne seulement, où le conseil municipal a donné 20.000 francs en 1880 comme fonds de premier établissement, elles ont déjà plus de 5.000 volumes. Malheureusement, je dois le reconnaître, le choix des volumes n'a pas toujours été heureux, et les 2.000 francs revenant à chacune des dix bibliothèques ont été employés en achat de livres se retrouvant dans chacune d'elles. Aussi les maîtres font-ils des vœux pour la création d'une bibliothèque unique, dont toutes les ressources seraient consacrées à l'achat d'ouvrages d'une réelle valeur et d'une utilité incontestable.

4° Droits et devoirs des maîtres.

Tout Autrichien jouissant de ses droits civiques et possédant les diplômes exigés par la loi peut être nommé instituteur public, sans distinction de confession religieuse. Il est nommé par le conseil scolaire départemental sur la proposition du conseil scolaire local.

Lorsqu'une place est vacante dans une école communale, le conseil local en informe le conseil départemental, qui fait connaître, par les journaux officiels et les feuilles publiques, la nature de la fonction, les avantages qu'elle présente, le traitement qui y est attaché actuellement, ainsi que les augmentations successives dont il est susceptible. Un délai de quatre semaines est accordé aux candidats pour faire parvenir leur demande au conseil local, qui les classe et les adresse avec son rapport au conseil départemental chargé de la nomination.

Les communautés ou corporations qui entretiennent une école jouissent aussi du droit de présentation, sans toutefois poser de conditions à l'acceptation de leur candidat et sans exiger de celui-ci d'autres devoirs que ceux de sa charge. Dans le cas où, pour des raisons légales qu'il est tenu de faire connaître, le conseil provincial, à qui appartient la nomination, refuserait le candidat proposé, la communauté ou corporation intéressée est tenue de faire une nouvelle présentation dans un délai de quinze jours ou d'interjeter appel devant le ministre de l'instruction publique. Passé ce délai, le conseil provincial pourvoit d'office à l'emploi vacant.

La nomination d'un instituteur ou d'un adjoint pourvu du certificat d'aptitude pédagogique faite dans les formes légales ci-dessus énoncées est définitive, et il ne peut être déplacé sans son consentement, si la place qui lui est assignée est d'un revenu inférieur à celle qu'il occupe. De plus, dans aucun cas, le déplacement ne peut être ordonné qu'après l'accomplissement des prescriptions légales concernant le droit de proposition ou de présentation.

L'augmentation de traitement pour ancienneté

de services est accordée par le conseil départemental sans aucune formalité.

Avant d'entrer en fonctions, chaque membre de l'enseignement est tenu de prêter un serment politique et professionnel dont la formule varie suivant les fonctions qu'il est appelé à remplir.

Celle qui est prescrite par l'arrêté ministériel du 9 janvier 1871 pour les maîtres de l'enseignement primaire, est ainsi conçue : « Vous jurez, par le Dieu tout-« puissant et sur votre honneur, fidélité et obéissance « à Sa Majesté notre prince et seigneur François-« Joseph Ier, par la grâce de Dieu Empereur d'Au-« triche, ainsi qu'à sa famille et à ses descendants. « Vous jurez de vous soumettre à la Constitution, « d'obéir aux lois et aux ordonnances des autorités « établies, et de remplir avec zèle et dévouement « les devoirs de votre charge et d'éviter tout abus « de votre autorité. Vous jurez en outre de secon-« der de toutes vos forces le directeur de l'établis-« sement dans lequel vous entrez ; d'agir d'accord « et en bonne harmonie avec vos collègues ; de « donner en tout le bon exemple à vos élèves et de « leur enseigner non pas seulement ce qui est fixé « par les programmes, mais encore ce qui a rap-« port à la religion, à la morale et à l'ordre légal ; « de réprimander et de punir vos élèves avec auto-« rité, impartialité et sans arrière-pensée. Vous ju-

« rez, enfin, que vous n'appartenez pas actuellement « et que vous n'appartiendrez jamais à une asso- « ciation politique étrangère. »

Après cette lecture faite par le fonctionnaire délégué pour recevoir le serment, l'instituteur prononce les paroles suivantes :

« Je dois et je veux remplir fidèlement ce qui « vient de m'être lu et que j'ai bien et claire- « ment compris. Qu'il en soit ainsi avec l'aide de « Dieu. »

Mesures disciplinaires.

L'instituteur titulaire ou adjoint qui enfreint les devoirs de sa charge est passible de mesures disciplinaires infligées par le conseil scolaire provincial. Ces peines sont : 1° la réprimande ; 2° le retrait du droit à l'allocation dite d'ancienneté ; 3° le déplacement ; 4° la suspension ; 5° la destitution.

Ces peines ne sont appliquées qu'après énonciation, dans un rapport spécial, des faits qui la motivent et justification verbale ou écrite de l'accusé ; en cas d'acceptation de cette dernière, il en est donné acte par écrit.

La réprimande est signifiée par écrit, avec cette mention qu'en cas de récidive la peine sera plus sévère. Une conduite exemplaire pendant trois années consécutives en annule les effets.

La suppression de l'allocation par droit d'ancienneté est en général momentanée ; mais elle peut être aussi définitive.

En cas de suspension, une indemnité pouvant atteindre les deux tiers du traitement ordinaire est accordée à l'instituteur dépourvu de ressources et ayant charge de famille. Si dans la suite il est reconnu innocent des faits qui ont motivé sa suspension, il a droit à une indemnité égale aux retenues faites pendant sa durée. La révocation n'est prononcée que pour des fautes graves et lorsque les punitions infligées antérieurement ont été sans effet. Elle est sans appel quand elle est motivée par de mauvais traitements infligés aux élèves ou quand le maître a été privé de ses droits d'électeur municipal par un jugement correctionnel.

Toute révocation est notifiée au ministre de l'instruction publique et des cultes, qui la porte à la connaissance des autorités scolaires des autres provinces.

Traitement.

Le traitement des instituteurs et des institutrices est à la charge de la caisse scolaire départementale; il varie un peu d'une province à l'autre, parce que dans chacune d'elles il est fixé par la Diète.

En Autriche inférieure, on a pris pour base du traitement la population des communes et de leurs écoles, et l'importance de leurs ressources financières. — On les a divisées en trois classes auxquelles correspondent trois classes de traitement.

Dans les communes de la 1re classe, le traitement des maîtres et maîtresses est de 2,000 francs.

Dans les communes de 2e classe, de 1750 francs.

Dans les communes de 3e classe, de 1500 francs.

Un supplément de traitement de 500, de 250 et de 125 fr. est accordé aux directeurs d'écoles de 1re, 2e et 3e classe. Ils ont, de plus, droit à un logement, ou, en son absence, à une indemnité égale à 30 0|0 de leur traitement, dans les communes de 1re classe et à 20 0|0 dans les autres.

Le traitement des professeurs des écoles primaires supérieures est de 250 fr. plus élevé que celui des instituteurs des classes élémentaires correspondantes. Ils touchent en outre un supplément d'activité de 125 fr.

Tous les cinq ans, et cela pendant trente ans, chaque instituteur a droit à une augmentation de traitement de 125 fr., quelle que soit la classe à laquelle il appartienne. Cette augmentation, faisant partie intégrante du traitement, ne doit pas être considérée comme une gratification.

Le traitement des instituteurs adjoints pourvus du certificat d'aptitude pédagogique est :

Dans les écoles de 1re classe, de 1500 fr.
— 2e — 1250 —
— 3e — 1000 —

Celui des adjoints pourvus seulement du certificat de maturité est :

Dans les écoles de 1re classe, de 1000 fr.
— de 2e et 3e de 875 fr.

Les conseils scolaires départementaux peuvent en outre, avec le consentement du conseil scolaire provincial et de la commission permanente de la Diète, voter des augmentations de traitement qui sont supportées, pour les 3/4 par la caisse scolaire départementale, et pour 1/4 par la caisse scolaire provinciale.

Les maîtres chargés de l'enseignement des matières facultatives et les maîtresses des travaux manuels reçoivent une rémunération basée sur la moyenne des leçons données chaque semaine et fixée par le conseil scolaire départemental.

Tous les maîtres, qu'ils soient nommés à titre définitif ou provisoire, ne doivent exercer aucune fonction, métier ou industrie contraire à la dignité professionnelle ou pouvant absorber une partie du temps nécessaire à l'accomplissement consciencieux de leurs devoirs. Il ne leur est pas interdit de remplir les fonctions de sacristain.

L'instituteur qui ne se soumet pas à ces prescriptions est tenu, dans un délai de six semaines, ou de donner sa démission ou de cesser les occupations incompatibles avec l'exercice de sa profession.

Retraite.

L'instituteur exerce ses fonctions tant qu'il est capable de les remplir. Il n'est mis à la retraite que si, soit par son âge avancé, soit par suite de maladie ou d'infirmité, soit pour toute autre cause semblable, il est dans l'impossibilité physique ou intellectuelle de les continuer. Il perd ses droits à la retraite s'il donne sa démission ou s'il abandonne son école sans motifs reconnus légitimes.

Le chiffre de la pension est fixé d'après le nombre des années de service et le traitement touché pendant l'année qui a précédé la mise à la retraite. Dans ce traitement sont compris l'augmentation quinquennale et les frais de représentation accordés aux directeurs ou instituteurs en chef, en un mot tous les revenus soumis à la retenue. Les années pendant lesquelles un instituteur a dû suspendre ses fonctions pour des causes indépendantes de sa volonté, à l'exception des interruptions causées par la maladie, ne sont pas comptées dans la fixation du chiffre de la retraite.

Pour y avoir droit, l'instituteur doit exercer ses fonctions pendant au moins dix années à partir du jour où il a obtenu son certificat de maturité. Si à cette époque il est obligé, pour cause de maladie ou d'infirmité, de les abandonner, il reçoit, une fois payée, une indemnité égale au chiffre du traitement touché pendant les derniers 18 mois. A partir de la 11e jusqu'à la 15e année de service, il a droit à une retraite égale au tiers de son traitement; de la 16e à la 20e année, au 3/8e, et à partir de la 21e année, 1/8 en plus tous les 5 ans, de sorte qu'après 40 ans de service il a droit à une retraite égale à son traitement d'activité. La veuve et les orphelins d'un instituteur n'ont droit à une pension viagère que si le défunt avait lui-même droit à une retraite. Dans ce cas, la pension accordée est égale au 1/3 du traitement du décédé. Si la mort est venue le frapper avant sa dixième année de service, avant par conséquent qu'il ait droit à une retraite, sa veuve ne reçoit qu'une indemnité une fois payée. Il n'est accordé aucune pension à la veuve si elle s'est mariée après la mise à la retraite de son mari ; il en est de même en cas de divorce, s'il a été prononcé en faveur de ce dernier.

La veuve d'un instituteur qui se remarie peut, ou bien réserver ses droits à la pension dans le cas d'un deuxième veuvage, ou toucher immédiatement une indemnité égale à deux annuités de sa pension.

Les enfants ont droit, jusqu'à l'âge de 20 ans, à une allocation annuelle dont le montant joint à la pension de la veuve ne peut dépasser la moitié du traitement touché par le père défunt; cette allocation est supprimée dès que le ou les enfants peuvent subvenir à leur entretien.

En cas de décès du père et de la mère, les enfants ont droit, jusqu'à l'âge de 20 ans, à une pension concrète égale à celle qu'aurait touchée leur mère.

La veuve ou à son défaut les enfants d'un instituteur décédé en activité de service, reçoit, pour couvrir les frais de maladie et d'inhumation, une indemnité égale au 1/4 du traitement du défunt.

La caisse des retraites créée par l'article 57 de la loi d'empire du 14 mai 1869 est alimentée par :

1° Une retenue de 10 0/0 sur le premier traitement annuel et sur le premier versement des augmentations quinquennales, et une retenue de 2 0/0 sur les traitements et augmentations des années suivantes ;

2° Les droits de succession perçus jusque-là par la caisse des écoles normales ;

3° Les excédents de recettes provenant de la vente des livres de classe édités par l'Etat;

4° Le reliquat des traitements dus aux intituteurs et ne devant pas être payé à leurs héritiers ;

5° Le produit des amendes infligées par le conseil scolaire;

6° Les revenus produits par les excédents de recette capitalisés.

En cas d'insuffisance des revenus, l'excédent des dépenses est supporté par la caisse provinciale.

Les communes qui prennent à leur charge le traitement et la retraite de leur personnel enseignant perçoivent les revenus sus-mentionnés et les inscrivent au chapitre des recettes de leur budget ordinaire.

La situation du personnel enseignant étant sensiblement la même en Hongrie, je crois inutile, afin d'éviter des répétitions, de m'étendre davantage sur cette question.

CHAPITRE III

LES ÉCOLES

1° Etablissement et entretien.

En vertu de l'article 59 de la loi du 14 mai 1869, toute commune ayant au moins 40 enfants âgés de 6 à 14 ans est tenue d'avoir une école primaire élémentaire. Si son territoire est très étendu ou si elle est composée de plusieurs hameaux éloignés les uns des autres, on doit faire en sorte que chaque élève n'ait pas plus de 4 kilomètres à parcourir pour se rendre à l'école. Dans le cas contraire, la commune est obligée d'installer une ou plusieurs petites écoles annexes dans lesquelles se rend un maître adjoint au moins trois fois par semaine. Dès que le nombre des enfants qui les fréquentent atteint la moyenne indiquée plus haut, elles deviennent indépendantes et ont droit à un maître qui y fixe sa résidence. Toujours dans le même but, la fréquentation facile et régulière de l'école, les enfants qui habitent une partie de la commune plus rapprochée de l'école d'une autre commune que de la leur, sont autorisés à la fréquenter.

Dans les communes très peuplées, et au moins dans chaque circonscription scolaire, il doit exister une école primaire supérieure. Les conditions hygiéniques que ces écoles doivent remplir sont indiquées par la circulaire ministérielle du 9 juin 1873 dont j'ai donné ailleurs la traduction complète (1).

Lorsque la construction d'une école est décidée, les plans dressés par un architecte sont soumis à la commission scolaire locale, qui donne son avis, puis au conseil départemental, qui les approuve ou les rejette.

Les frais qu'entraînent la construction et l'entretien des écoles sont à la charge des communes ; il en est de même du mobilier et du matériel d'enseignement, du chauffage, de l'éclairage et du nettoyage.

Le traitement des maîtres est payé par la caisse départementale.

(1) Voir notre travail, *L'Hygiène dans les écoles de Vienne et de Buda-Pesth*, 1888.

Ces dépenses sont couvertes : 1° par l'écolage, ou l'impôt qui le remplace (*Schulgeldæquivalent*) ; 2° par le produit des dons et legs ; 3° par les revenus ordinaires de la commune et, en cas d'insuffisance, par une subvention de la caisse départementale.

Cette caisse a pour principal revenu un impôt (*Schulgeldumschlag*), dont la quotité ne peut dépasser 10 % du principal des contributions directes.

En **Hongrie**, comme en **Autriche**, il doit y avoir une école partout où il y a plus de 40 enfants soumis à l'obligation. Le projet de construction en est dressé par une commission composée de trois membres délégués par l'administration, la commune et la paroisse.

Les conditions hygiéniques qu'elles doivent remplir sont fixées par les articles 16, 17, 18 et 19 de la loi du 16 octobre 1877 ; elles diffèrent peu de celles adoptées en Autriche.

Les écoles sont créées et entretenues soit par l'Etat, soit par les communes, soit par les confessions religieuses. Ces dernières possèdent la presque totalité des écoles élémentaires ; elles en ont en effet 13,651 sur 16,205, soit 84,24 %, tandis que l'Etat n'en a que 503, et les communes 1,844.

Pour se créer les ressources nécessaires, les

communes doivent, en vertu des articles 38 et 39 de la loi de 1868, créer une caisse scolaire (*Schul-fond*) alimentée par : 1° l'écolage, 2° la capitalisation du reliquat de l'écolage, 3° la capitalisation d'une partie des taxes et des revenus fonciers de la commune, 4° les dons et legs, 5° le produit des amendes, et 6° en cas d'insuffisance de ces revenus, par une imposition extraordinaire, dont le taux ne peut dépasser 5 % du produit des contributions directes. La caisse des écoles communales est administrée par la commission scolaire locale, celle des écoles de l'État par le *curatorium*, et celle des écoles confessionnelles par la commission scolaire paroissiale.

2° But et caractère de l'enseignement.

L'école primaire a pour but de donner aux enfants la culture morale et religieuse, de développer leurs facultés intellectuelles, de les munir des connaissances et des aptitudes nécessaires pour leurs progrès ultérieurs dans la vie, enfin de commencer l'éducation qui fera d'eux des hommes de bien et des membres utiles à la société. (Article 1er de la loi du 14 mai 1869.)

L'instruction primaire est obligatoire, souvent

gratuite, neutre au point de vue religieux, et enfin libre.

Obligation.

L'obligation décrétée dès 1787 par l'empereur Joseph II n'a été sérieusement appliquée que depuis la loi du 14 mai 1869, en partie modifiée par celle du 2 mai 1883 (1).

En vertu de cette loi, tout enfant âgé de 6 ans est tenu, sous la responsabilité de ses parents, ou de leur représentant, de fréquenter l'école primaire jusqu'à l'âge de 14 ans révolus, et ne peut la quitter que s'il possède le minimum des connaissances exigées par la loi, c'est-à-dire la religion, la lecture, l'écriture et le calcul.

Les enfants qui fréquentent les écoles privées ou qui sont instruits à la maison, ou qui n'ont pas fréquenté une école publique jusqu'à l'âge de 14 ans, sont tenus de passer un examen pour prouver qu'ils possèdent ce minimum de connaissances. En cas de doute, le conseil scolaire a le droit de s'en assurer par les moyens qu'il juge nécessaires, sans que les parents ou tuteurs puissent s'y opposer.

Quelques tempéraments sont apportés à l'obligation, mais seulement après six années de fré-

(1) Voir la traduction complète de cette loi, page 161.

quentation régulière de l'école. Ils ont pour but de permettre aux enfants, âgés de 12 ans de commencer leur apprentissage ou de venir en aide à leurs parents dans les travaux agricoles.

Des dispenses sont accordées ou individuellement à quelques enfants sur la demande motivée de leurs parents ou tuteurs, ou collectivement à toute une école et même à toutes les écoles d'une ou plusieurs communes, sur la demande du ou des conseils municipaux respectifs.

Elles consistent en : 1° l'exemption de la fréquentation pendant le semestre d'été ; 2° la fréquentation seulement pendant trois jours par semaine pendant la 7e et la 8e année d'études ; 3° la fréquentation pendant une demi-journée pour les élèves des mêmes années; 4° la fréquentation, seulement pendant trois heures par semaine, durant le semestre d'hiver, avec exemption complète pendant le semestre d'été, pour les élèves de 8e année.

Les seuls motifs légitimes d'absence temporaire sont : 1° la maladie de l'enfant ; 2° la maladie des parents, lorsqu'ils ont besoin de lui pour les soigner ; 3° le mauvais temps capable de nuire à la santé de l'enfant ; 4° l'impraticabilité des chemins.

De plus, pendant les grandes chaleurs, c'est-à-dire à partir du 15 juin, les maîtres sont autorisés, par la circulaire ministérielle du 29 mai 1886, à suspendre l'enseignement pendant l'après-midi jusqu'à la fin de l'année scolaire.

Les dispenses individuelles sont accordées par le conseil départemental, et les collectives par le conseil provincial.

A la fin de la 8e année d'études, des certificats (*Entlassungszeugnis*), constatant la possession des connaissances obligatoires exigées par la loi et donnant dispense de la fréquentation, sont accordés par les maîtres aux élèves qui les ont mérités et refusés à ceux dont l'instruction est reconnue insuffisante. Ce refus a pour conséquence l'obligation pour l'enfant de continuer à fréquenter l'école, à moins que son ignorance ne soit due à une incapacité physique ou intellectuelle notoire ; dans ce cas, il lui est délivré un certificat de sortie (*Abgangszeugnis*) qui le libère complètement. Si l'absence de l'enfant est due à la misère, au manque de vêtements ou de livres, il est du devoir du conseil local de pourvoir à ses besoins.

Tous les ans, dix jours avant la rentrée des classes, le conseil scolaire local dresse une liste de tous les enfants ayant atteint l'âge scolaire ; et, trois jours avant cette date, chaque chef de famille est tenu de faire inscrire ses enfants chez le directeur de l'école qu'ils doivent fréquenter ; ceux qui négligent de le faire sont signalés au conseil local

Pendant toute l'année, le directeur inscrit au jour le jour les absences, motivées ou non, et en adresse la liste dans les délais voulus au conseil local, chargé de s'assurer de la réalité et du bien fondé des motifs d'absence invoqués.

L'application sérieuse de l'obligation nécessitait une sanction pénale. La loi d'empire citée plus haut a laissé ce soin aux Diètes provinciales. Les peines édictées par la Diète de la Basse-Autriche dans la loi du 5 avril 1870 sont les suivantes :

1° Quiconque ne fait pas inscrire son enfant ou donne à son sujet des indications fausses est puni d'une amende de 1 à 20 florins, et, en cas d'insolvabilité, d'un emprisonnement de 1 à 4 jours.

2° Si, dans un délai de trois jours après la rentrée, un élève ne s'est pas présenté et n'a pas fourni de motifs légaux de son absence, les parents sont condamnés, après un avertissement préalable resté sans effet, à une amende de un à cinq florins, ou, en cas d'insolvabilité, à vingt-quatre heures de prison. Il en est de même pour une absence de même durée dans le courant de l'année. En cas de récidive, la peine peut être portée à cinq florins d'amende ou deux jours de prison.

3° Les parents qui, malgré des condamnations répétées, persistent à ne pas envoyer leur enfant à l'école, tombent sous le coup des articles 176 et 177 du Code civil, ainsi conçus :

« Article 176. — Le père qui néglige complètement l'entretien et l'instruction de ses enfants est déchu pour toujours de la puissance paternelle.

« Article 177. — Non seulement l'enfant lésé, mais tous ceux qui le connaissent, et surtout ses plus proches parents, doivent demander l'appui du tribunal contre le père qui fait un mauvais usage de ses droits paternels. »

Les peines édictées sous les numéros 1 et 2 sont prononcées par le conseil départemental en première instance, et, en cas d'appel, par le conseil provincial ; celles inscrites sous le n° 3 sont prononcées par les tribunaux.

En Hongrie, les peines sont moins élevées : la première infraction à la loi sur l'obligation est punie d'une amende de 50 kreutzers (1 fr. 25) ; la 2e d'une amende de 1 florin ; la 3e de 2, et la 4e de 4. Si les absences continuent, un rapport est adressé par le conseil local au maire de la commune, qui peut demander au tribunal la déchéance des parents et la nomination d'un tuteur.

Malgré ces pénalités, on verra, d'après les statistiques officielles données plus loin (1), que dans

(1) Page 135.

certaines provinces les absences complètes de l'école s'élèvent au 1/4 et même au 1/3 du nombre des enfants soumis à l'obligation.

D'après les renseignements qui m'ont été donnés, on peut attribuer cet écart considérable aux causes suivantes :

1° La négligence que mettent à signaler les absences les commissions locales, dont les membres ne sont pas toujours à la hauteur de leur mission ; 2° l'abus des avertissements donnés en trop grand nombre avant l'application d'une peine ; il suffit, en effet, que l'enfant fréquente l'école pendant quelques semaines après chaque avertissement pour que la condamnation soit indéfiniment retardée 3° Le peu de sévérité dans l'application des peines; 4° la lenteur de la procédure. En effet, une condamnation prononcée par le conseil local est soumise à l'approbation du conseil départemental, et, en cas d'appel, à la décision du conseil provincial, qui souvent n'a plus à intervenir, parce que, dans l'intervalle, ou l'enfant a fréquenté régulièrement l'école, ou l'a quittée définitivement.

Gratuité.

Le gouvernement, craignant que les charges considérables que créerait au budget général la gratuité absolue ne soient un obstacle capable de faire repousser l'obligation, ne l'a pas proposée aux législateurs; il a laissé aux Diètes provinciales le soin de régler cette question au mieux de leurs intérêts. Aussi se trouve-t-on en présence de deux systèmes.

Dans la Basse-Autriche, par exemple, la rétribution scolaire, qui avait été fixée par l'article 46 de la loi du 5 avril 1870, à 6, 12 et 20 kreutzers par élève et par semaine, suivant la catégorie d'écoles à laquelle il appartenait, a été supprimée par la loi du 18 décembre 1871 et remplacée par un impôt spécial appelé *Schulgeldæquivalent*, payé par tous les contribuables. La quotité de cet impôt est basée sur le nombre des enfants et la classe de l'école qu'ils fréquentent. Elle est par an et par élève de 7 fl. 50 pour les écoles de la première classe, de 5 fl. pour celles de la seconde, et de 2 fl. 50 pour celles de la troisième.

Cet impôt est exigible au même titre que les contributions foncières et mobilières; il est touché par les percepteurs ordinaires et versé dans la caisse scolaire départementale. Ceux qui ne payent pas de contributions en sont dispensés. Il en est de même des villes qui peuvent subvenir à toutes les charges de l'instruction primaire avec leurs revenus ordinaires.

Le deuxième système est celui de l'écolage. Son

taux par élève et par année est fixé, suivant les besoins, par la Diète provinciale. Les enfants dont l'indigence est certifiée par le maire ne payent aucune rétribution.

En **Hongrie**, la gratuité n'existe que pour les indigents. L'écolage est payé en argent ou en nature ; sa quotité est fixée par le *curatorium*. Elle ne peut être inférieure à 2 florins par an dans les écoles élémentaires et à 5 fl. dans les écoles supérieures. De plus, il est perçu par élève un droit annuel d'inscription qui ne peut être inférieur à 25 kreutzers pour les premières et à 50 pour les secondes. Comme en Autriche, les indigents ne payent rien.

Neutralité religieuse.

La liberté de croyance et de conscience est proclamée par l'article 14 de la Constitution, et la neutralité religieuse de l'école, d'une part par l'alinéa 3 de l'article 17 de la Constitution, qui dit que l'enseignement religieux doit être donné par les membres du clergé, et, d'autre part, par les articles 2 et 3 de la loi d'empire du 25 mai 1868, qui disent que les matières enseignées dans les écoles publiques doivent être dégagées de toute influence confessionnelle et que ces écoles peuvent être fréquentées par tous les enfants sans distinction de religion.

Mais on n'a pas entendu, par là, exclure l'enseignement de la religion du programme des écoles ; on l'a au contraire rendu obligatoire au même titre que les autres matières.

D'après l'article 5 de la loi du 14 mai 1869, l'enseignement religieux est donné et surveillé par les autorités religieuses. Le nombre des heures à y consacrer est fixé par le plan d'études, établi par le conseil scolaire provincial et approuvé par le ministre. Le programme et sa distribution par année sont fixés par les autorités religieuses. Les décisions prises par ces autorités sont communiquées au directeur de l'école par le conseil départemental.

Dans les communes où il n'y a pas d'ecclésiastiques, l'instruction religieuse est donnée par l'instituteur avec l'approbation des autorités religieuses.

En 1889, un projet de loi destiné à fortifier l'influence religieuse dans les écoles a été présenté à la Chambre des Députés par le ministre de l'instruction publique ; mais il fut retiré bientôt sous la pression de l'opinion publique.

L'opposition se manifesta, non seulement dans

les journaux libéraux, mais dans ceux du parti clérical : les premiers trouvant que l'on accordait trop et les seconds pas assez. Voici, en peu de mots, en quoi consistaient les modifications proposées en ce qui concerne l'instruction religieuse :

Le nombre d'heures à lui consacrer devait être fixé non plus seulement par le conseil scolaire provincial, mais avec le concours des autorités religieuses.

La situation des professeurs de religion devait être en tout semblable à celle des autres professeurs.

Les décisions en matière de religion prises par les autorités religieuses devaient être transmises au conseil provincial chargé de les faire exécuter. En cas de désaccord, les différends devaient être soumis au ministère de l'instruction publique, qui jugeait en dernier ressort.

Pour assurer l'enseignement religieux à chaque enfant, les parents sont tenus, en le faisant inscrire dans une école, d'indiquer à quelle religion ou confession religieuse il appartient. Cette règle ne souffre pas d'exception, car il n'est pas admis qu'un enfant ne professe aucune religion, et cela en vertu des quatre premiers articles de la loi d'empire du 25 mai 1869, dont je crois utile de donner la traduction :

« Article 1er. — Les enfants légitimes et les enfants naturels reconnus doivent suivre la religion de leurs père et mère, dans le cas où tous deux appartiennent à la même religion. En cas contraire, les garçons prennent la religion du père, et les filles celle de la mère. Cependant les conjoints peuvent, avant ou après la célébration du mariage, décider que le contraire aura lieu ou bien que tous les enfants suivront soit la religion du père, soit celle de la mère. Les enfants naturels suivent la religion de leur mère.

« Dans tous les autres cas, celui à qui appartient la tutelle d'un enfant doit désigner la religion dans laquelle il sera élevé. — Toute action dans un sens opposé, émanant soit d'un ecclésiastique, soit d'une corporation religieuse ou de tout autre personne, est légalement nulle et sans effet.

« Article 2. — Le choix de la confession religieuse fait en vertu de l'article précédent est définitif et ne peut être modifié que quand l'enfant est en état de choisir librement, et en connaissance de cause. Cependant les parents ont le droit d'opérer ce changement avant que l'enfant ait atteint sa septième année.

« Si le père ou la mère ou tous les deux ou la fille-mère changent de religion avant que leurs enfants aient atteint leur septième année, ces derniers sont élevés dans la nouvelle religion de leurs parents comme s'ils y étaient nés. Il en est de même des enfants légitimés avant l'âge de sept ans.

« Article 3. — Les parents ou tuteurs, ainsi que les ecclésiastiques, sont responsables des prescriptions ci-dessus énoncées. En cas d'infraction, les parents les plus rapprochés et les autorités religieuses respectives sont tenus d'en informer les autorités chargées d'instruire l'affaire et de juger suivant la loi.

« Article 4. — A l'âge de quatorze ans révolus, toute personne de l'un et de l'autre sexe a le libre choix de sa religion et a droit, pour le faire, à la protection des autorités. Il faut toutefois qu'à ce moment il ne soit pas dans une situation qui lu enlève son libre arbitre. »

Liberté.

La liberté de l'enseignement est accordée, et garantie par l'article 17 de la constitution, ainsi conçu :

« La science et son enseignement sont libres.

« Tout citoyen ayant fourni la preuve de son aptitude légale a le droit d'ouvrir une école et d'y enseigner.

« L'instruction donnée à la maison n'est soumise à aucune restriction.

« L'enseignement religieux à l'école est laissé à la diligence des différentes confessions.

« L'Etat se réserve, en ce qui le concerne, la haute direction et la surveillance de tout ce qui touche à l'instruction et à l'éducation. »

La liberté de l'enseignement n'est pas seulement individuelle; elle s'étend encore aux corporations civiles ou religieuses qui ont le droit d'ouvrir et d'entretenir des écoles à leurs frais, écoles réservées à leurs coreligionnaires ou co-associés.

Elles prennent le nom d'*écoles privées*, pour les distinguer des écoles créées et entretenues en tout ou en partie par la province, le département ou la commune, qui portent le nom d'*écoles publiques*, et reçoivent tous les enfants sans distinction de religion.

L'autorisation d'ouvrir une école primaire privée élémentaire ou supérieure est accordée par les conseils scolaires provinciaux. Elle ne peut être refusée, si les conditions suivantes sont remplies :

1° Le directeur et les maitres doivent avoir les diplômes exigés des directeurs et des maitres des écoles publiques correspondantes.

2° Les antécédents des directeurs et des maîtres doivent être à l'abri de tout reproche.

3° Le programme des études doit être au moins aussi élevé que celui des écoles publiques.

4° Les locaux doivent répondre à toutes les exigences de l'hygiène.

5° Tout changement dans les programmes ou dans le personnel enseignant doit être notifié à l'autorité scolaire compétente.

Ces établissements peuvent être autorisés par le ministre de l'instruction publique à délivrer des certificats d'études équivalents à ceux des écoles publiques, s'ils ont adopté les mêmes programmes. Ils peuvent aussi être acceptés comme écoles publiques, s'il n'en existe pas dans la commune, et, dans ce cas, avoir droit à une subvention de la commune ou du département.

Une école privée peut être fermée, lorsque son programme d'études est inférieur à celui des écoles publiques, et son enseignement contraire aux lois ou à la morale. Elles sont toutes soumises à la haute surveillance de l'Etat, exercée par les conseils scolaires provinciaux et départementaux et leurs inspecteurs.

En Hongrie, le droit d'instruire les enfants, soit dans la famille, soit dans une école privée appartenant à une confession religieuse ou à une corporation civile, est accordé par l'article 6 de la loi XXXVIII du 5 décembre 1868.

Le droit de fonder des écoles primaires et même des écoles normales privées, est reconnu aux confessions religieuses et aux corporations civiles par les articles 11 et suivants, aux conditions suivantes :

A. En ce qui concerne les confessions religieuses :

1° Elles recevront dans leurs écoles les enfants des autres confessions, dans les communes où leur nombre ne sera pas suffisant (moins de quarante) pour motiver la création d'une école publique.

2° Elles rempliront les conditions imposées aux écoles publiques en ce qui concerne les dimensions des classes, le nombre des élèves qui peuvent y être admis, la séparation des sexes, les diplômes exigés des maîtres et les programmes d'enseignement.

3° Elles se soumettront enfin à l'inspection des autorités scolaires de l'Etat.

A ces conditions, elles ont le droit de nommer les maîtres et de fixer leur traitement, de choisir les livres et les objets d'enseignement nécessaires à l'application de leur méthode. En cas de non-observance, soit volontaire, soit par négligence ou incapacité, l'Etat peut, après trois avertissements successifs restés sans effets, ordonner leur transformation en école publique et toucher les revenus et taxes perçus jusqu'alors.

B. En ce qui concerne les individus ou les corporations civiles (articles 16 et suivants) :

1° Les maîtres doivent posséder le diplôme délivré par les écoles normales ;

2° Accepter comme minimum le programme des écoles publiques ;

3° Faire subir à leurs élèves les examens annuels publics et en faire connaître la date au moins un mois avant leur ouverture à l'inspecteur du district et à la commission locale ;

4° Se soumettre à l'inspection des autorités scolaires.

Ces écoles peuvent être reconnues établissements publics, si leurs programmes, soumis à l'examen du conseil scolaire du district, remplissent les conditions imposées aux écoles communales ou de l'Etat. Dans ce cas, elles ont droit à l'appui moral et pécuniaire du gouvernement.

3° Organisation pédagogique.

D'après les matières enseignées et l'extension donnée à leur programme, les écoles primaires se divisent en deux classes :

1° Les écoles primaires élémentaires (*Wolksschul* — école populaire) ;

2° Les écoles primaires supérieures (*Burgerschul* — école bourgeoise).

La traduction littérale de ces deux expressions pourrait donner lieu à une fausse interprétation, c'est ce qui m'a engagé à ne pas les adopter. On pourrait supposer en effet que les premières sont fréquentées exclusivement par les enfants du peuple et les secondes par ceux de la bourgeoisie; or il n'en est rien. Tout enfant, quelle que soit son origine, peut fréquenter une école soi-disant bourgeoise, s'il possède les connaissances exigées à la sortie d'une école populaire.

La loi de 1869 admettait que dans les écoles élémentaires à huit classes on suivît, dans les trois dernières, le programme des écoles supérieures, et que, dans celles-ci, on donnât dans les cinq premières classes l'enseignement élémentaire. La loi du 2 mai 1883 est venue modifier cet état de choses en séparant complètement l'école supérieure de l'école élémentaire. Malheureusement les termes impropres d'école populaire et d'école bourgeoise ont été maintenus par la force d'habitude. Les écoles élémentaires à huit classes portent maintenant le nom d'*écoles élémentaires et supérieures*. Il y a entre ces écoles et les écoles supérieures proprement dites une différence que je dois signaler, parce qu'elle a une certaine importance pédagogique. Dans les premières, chaque classe a un professeur qui enseigne toutes les matières; et dans les secondes il y a un professeur spécial pour chaque matière. La séparation des sexes est obligatoire.

Ecoles primaires élémentaires.

Ces écoles sont au nombre de 16.688, auquel il faut ajouter 509 écoles privées reconnues écoles publiques. Elles se divisent, d'après les sexes, en 1.135 écoles de garçons, 875 écoles de filles et 14.679 écoles mixtes.

Quel que soit le sexe des élèves, la direction de l'école est toujours confiée à un instituteur. Les maîtres des classes sont en général des hommes dans les écoles de garçons, et des femmes dans les écoles de filles, mais souvent aussi ce sont ces dernières qui enseignent dans les basses classes des écoles mixtes et des écoles de garçons.

Les bases de l'enseignement dans ces écoles sont établies par les lois d'empire du 14 mai 1869 et du 2 mai 1883, par la circulaire ministérielle du 8 juin de la même année et, spécialement pour la Basse-Autriche, par la loi du 5 avril 1870. La traduction de la première de ces lois que je donne plus loin me dispense d'entrer dans de grands détails sur leur application.

Division en classes. — Le nombre des classes est en rapport avec le nombre des élèves ; c'est ainsi qu'il y a des écoles à un, deux, trois, quatre, cinq et six classes. Chaque classe peut en outre être dédoublée en une ou plusieurs classes parallèles, dès que le nombre des élèves inscrits dans l'une dépasse 80. Dans les écoles à une classe, les élèves de tous les âges sont réunis sous un même maître; dans celles à plusieurs classes, il y a autant de maîtres que de classes, et les élèves ne peuvent passer de l'une dans l'autre que s'ils possèdent les connaissances enseignées dans la classe inférieure.

Les écoles ne comprenant pas un nombre de classes égal aux années d'âge des élèves qui les fréquentent sont partagées, pour satisfaire aux exigences pédagogiques, en groupes comprenant des élèves de même instruction et d'âge différent. C'est ainsi, comme l'indiquent les tableaux reproduits plus loin, que l'école à une classe est divisée en trois groupes, dont le premier comprend : les élèves de première année; le second, ceux de deuxième, troisième et quatrième année, et le troisième, ceux de cinquième, sixième, septième et huitième année. L'école à deux classes comprend dans la première : trois groupes pour les trois premières années; dans la deuxième, trois groupes encore réunissant dans le premier les élèves de quatrième année, dans e second ceux de cinquième et sixième année, et dans le troisième ceux de septième et de huitième année, et ainsi de suite jusqu'à l'école de huit classes qui a autant de classes que d'années d'étude.

Les écoles à une classe sont encore très nombreuses. On en compte 8.490, c'est-à-dire la moitié environ des écoles élémentaires.

Les matières enseignées sont : la religion, la lecture et l'écriture, la langue, l'arithmétique, la géométrie, l'histoire et la géographie, surtout celle de la patrie, les éléments d'histoire naturelle et de la physique, le dessin, le chant et la gymnastique. Cette dernière est facultative pour les filles; on leur enseigne de plus les travaux manuels.

Le temps consacré à chacune de ces matières est indiqué pour chaque catégorie d'école de la Basse-Autriche dans des tableaux établis par la loi provinciale du 11 juin 1884. Ne pouvant, sans donner trop d'extension à mon travail, reproduire tous ces tableaux, je ne donne, à titre de spécimen, que celui des écoles à une classe et celui des écoles à six classes.

Ecoles à une classe.

1er groupe. — 1re année.
2e — 2e, 3e et 4e année.
3e — 5e, 6e, 7e et 8e année.

Les écoles de demi-temps se partagent en deux groupes, et chaque groupe en trois divisions. Chaque division comprend une année, à l'exception des deux dernières qui en comprennent chacune deux : les cinquième et sixième pour l'un; les septième et huitième pour l'autre.

	1er groupe. 1re année.	2e groupe. 2, 3, 4	3e groupe. 5, 6, 7 ou 8.
Religion.	2	2	2
Langue.	12	10	10
Calcul.	4	4	4
Histoire naturelle et physique. .	—	1	2
Histoire et géographie.	—	1	2
Ecriture.	—	2	2
Dessin.	—	2	3
Chant.	1	1	1
Gymnastique.	—	2	2
	19	25	28

Ecoles à six classes.

Les quatre premières classes correspondent aux quatre premières années d'étude.

La cinquième comprend la 5e et la 6e.

La sixième comprend la 7e et la 8e.

Ces deux classes sont partagées chacune en deux divisions comprenant une année d'étude.

	I	II	III	IV	V		VI	
					1re d.	2e d.	1re d.	2e d.
Religion.	1	1	2	2	2	2	2	2
Langue.	12	10	9	9	6	6	6	6
Arithmétique et géom. .	5	4		4	4	4	4	4
Histoire naturelle. . . .	—	—	1/2	1/2	2	2	2	2
Physique.	—	—	1/2	1/2	2	2	2	2
Histoire et géographie. .	—	—	1	2	3	3	3	3
Ecriture.	—	2	2	2	1	1	1	1
Dessin.	—	1	1	2	3	3	4	4
Chant.	1	1	1	1	1	1	1	1
Gymnastique.	1	1	2	2	2	2	2	2
	20	20	23	25	26	26	27	27

Ecoles primaires supérieures.

Dans les villes ou bourgs, et au moins dans chaque district scolaire, il existe une école primaire supérieure. On en compte actuellement 415, dont 234 de garçons et 181 de filles, la séparation des sexes étant obligatoire.

Ces écoles ont pour but, en développant l'instruction reçue à l'école élémentaire, de préparer les élèves au commerce, à l'agriculture, à l'industrie et aux écoles normales et professionnelles.

Les cours, qui se répartissent en trois années, comprennent : 1° la religion; 2° la langue, 3° l'histoire et la géographie, spécialement celle de la patrie ; 4° l'histoire naturelle; 5° la chimie et la physique ;

6° la géométrie, le dessin linéaire et d'imitation; 7° l'arithmétique et la comptabilité; 8° le chant; 9° la gymnastique, facultative pour les filles, et 10° pour ces dernières, les travaux de couture.

L'étude de la langue allemande est généralement donnée dans les écoles où elle n'est pas la langue d'enseignement.

Par décision du conseil scolaire provincial du 30 juin 1884, la langue française est enseignée à titre facultatif; on lui consacre trois heures par semaine pendant les trois années d'étude.

Pour être admis dans ces écoles, l'enfant doit être âgé de dix ans au moins, et prouver, soit par un certificat du maître de l'école qu'il a fréquentée, soit par un examen, qu'il possède les connaissances enseignées dans la 5me classe d'une école primaire élémentaire.

Le programme des études ainsi que la distribution des heures consacrées aux différentes matières sont établis pour chaque école en particulier par le conseil scolaire provincial et soumis à l'approbation du ministre de l'instruction publique. Pour établir ce plan d'études, le conseil s'inspire des besoins particuliers de la ville ou de la région. Dans ce but, un avant-projet est rédigé dans une réunion présidée par l'inspecteur départemental, et composée du ou des directeurs des écoles normales et de représentants des intérêts industriels ou agricoles de la localité et de la contrée. Dans les circonscriptions où il existe déjà une ou plusieurs écoles supérieures, on consulte en outre les directeurs et professeurs de ces écoles.

Le tableau suivant indique la distribution des heures par semaine fixées pour chaque matière par décision du conseil scolaire provincial de la Basse-Autriche du 23 avril 1881.

Ecole primaire supérieure de garçons.

	I Classe.	II Classe.	III Classe.
Religion.	2	2	2
Langue et lecture.	5	5	4
Histoire et géographie.	3	3	3
Histoire naturelle.	2	2	2
Chimie et physique.	2	2	3
Arithmétique et comptabilité.	4	4	3
Géométrie et division linéaire.	3	3	5
Dessin d'imitation.	4	4	4
Écriture.	1	1	
Chant.	1	1	1
Gymnase.	2	2	2
	29	29	29

Ecoles de filles.	I Classe.	II Classe.	III Classe.
Religion	2	2	2
Langue et lecture	5	5	4
Histoire et géographie	3	3	3
Histoire naturelle	2	2	2
Physique et chimie	2	2	3
Arithmétique et comptabilité	3	3	3
Géométrie et dessin linéaire	1	1	1
Dessin d'imitation	3	3	3
Ecriture	1	1	—
Chant	1	1	1
Travaux manuels	4	4	6
Gymnastique (non obligatoire)	2	2	2
	29	29	29

Il existe en Hongrie, outre les écoles élémentaires et supérieures, des écoles que, pour les distinguer des précédentes, j'appellerai écoles primaires moyennes, bien que cela ne soit pas la traduction littérale du terme employé (*Hœherevolkschulen*).

Ecoles élémentaires.

Elles se divisent en écoles élémentaires proprement dites, fréquentées par les enfants âgés de 6 à 12 ans, et en écoles complémentaires (*Wiederholungschulen*) pour ceux de 12 à 15 ans.

Les matières enseignées sont : 1° la religion et la morale; 2° la lecture et l'écriture; 3° le calcul de tête et figuré, les poids et mesures ; 4° la langue ; 5° les exercices de mémoire et de conversation ; 6° l'histoire et la géographie de la patrie ; 7° les éléments des sciences physiques et naturelles ;

8° l'agriculture et l'horticulture pratiques ; 9° les droits et devoirs civiques ; 10° le chant; 11° la gymnastique et les exercices militaires; 12° les éléments de l'hygiène ; 13° l'apprentissage de la branche d'industrie exploitée dans le pays; 14° les travaux manuels et domestiques pour les filles.

La langue d'enseignement est la langue maternelle de la majorité des élèves ; le magyare est enseigné autant que possible dans les écoles où il n'est pas la langue d'enseignement.

Le choix des livres en usage appartient au ministre de l'instruction publique, à l'exception cependant des livres de religion qui sont désignés par les autorités religieuses respectives, qui lui en adressent la liste.

Ecole primaire élémentaire à une classe.	Divisions.					
	I	II	III	IV	V	VI
Religion et morale. . . .	1	1	1	1	1	1
Mémoire et conversation. .	1	1	—	—	—	—
Ecriture et lecture. . .	2	2	2	2	2	2
Langue.	—	—	1 1/2	1 1/2	—	—
Calcul et géométrie. . .	1	2	1 1/2	1 1/2	1 1/2	1 1/2
Géographie.	—	—	1/2	1/2	1/2	1/2
Histoire.	—	—	—	—	1/2	1/2
Histoire naturelle. . . .	—	—	—	—	1	1
Physique.	—	—	—	—	1/2	1/2
Chant.	1	1	1	1	1	1
Gymnastique.	1	1	1	1	1	1
	7	8	2	8 1/2	9 1/2	9 1/2

Agriculture et horticulture, l'après-midi du mercredi et du samedi pendant le semestre d'été.

Ecole primaire élémentaire à 6 classes.

	Classes.					
	I	II	III	IV	V	VI
Religion et morale . . .	2	2	2	2	2	2
Mémoire et conversation. .	3	3	—	—	—	—
Ecriture et lecture. . . .	8	6	6	5	3	3
Langue.	—	2	4	4	2	2
Calcul et géométrie. . .	5	5	5	5	4	4
Géographie.	—	—	2	2	2	2
Histoire.	—	—	—	—	3	3
Histoire naturelle. . . .	—	—	—	—	2	2
Physique et chimie. . .	—	—	—	—	3	3
Chant.	1	1	3	2	1	1
Dessin.	—	—	1	3	3	3
Gymnastique.	1	1	1	1	1	1
	20	20	24	24	26	26

L'Enseignement de l'agriculture et de l'horticulture est donné à toutes les divisions réunies pendant les après-midi du mercredi et du samedi.

Ecoles primaires moyennes.

Les villes ou bourgs comptant plus de 5,000 habitants sont tenus de créer et d'entretenir *une école primaire moyenne*. Pour y être admis, l'enfant doit produire une attestation constatant qu'il a reçu l'instruction de la 6e année d'une école élémentaire, ou prouver par un examen qu'il possède les connaissances qu'on y enseigne.

Les cours durent trois ans pour les garçons et

deux ans pour les filles. Les sexes sont séparés. Les matières sont : 1° celles enseignées dans les écoles élémentaires, mais avec plus de développements ; 2° le magyare dans les écoles où il n'est pas la langue d'enseignement ; 3° le dessin; 4° l'arithmétique, la géométrie et la comptabilité ; 5° l'histoire et la géographie universelle; 6° la constitution du royaume ; 7° les connaissances industrielles ou agricoles en rapport avec les besoins de la contrée ; aussi a-t-on établi un programme différent suivant que l'école est située dans un pays de culture ou d'industrie.

Dans les écoles des pays de culture, on enseigne :

1° L'agriculture, la silviculture, l'arboriculture et l'élevage du bétail ;

2° Les éléments de l'économie nationale et commerciale ;

3° L'hygiène vétérinaire et la police sanitaire ;

4° Le dessin et la construction des instruments aratoires.

Dans les écoles des pays d'industrie, on enseigne : 1° les éléments de la technologie et de l'économie nationale; 2° la correspondance commerciale et la tenue des livres; 3° le dessin et le modelage ; 4° la mécanique industrielle pratique.

Écoles primaires supérieures.

Pour y être admis, il faut avoir fréquenté une école élémentaire pendant les six premières années, ou prouver, par un examen, que l'on possède les connaissances qu'on y enseigne. Les sexes sont séparés.

Les cours durent six ans pour les garçons et quatre ans pour les filles. Le programme des études comprend, outre celui des écoles élémentaires : 1° l'allemand à partir de la 3e année ; 2° la statistique et les éléments de l'économie nationale ; 3° les éléments de la législation civile et commerciale ; 4° la comptabilité ; 5° le maniement des armes, et 6° suivant les besoins du pays, une branche de l'industrie.

On y enseigne aussi, mais à titre facultatif, et en dehors des heures de classe ordinaires, le latin, le français et la musique.

Le programme des matières et le temps qui leur est consacré sont établis de façon que, dans les quatre premières années, on apprenne ce qui est enseigné dans les quatre classes inférieures des établissements d'enseignement secondaire (gymnase et école réale), à l'exclusion toutefois du latin. Chaque classe ne doit pas avoir plus de 50 élèves, et un maître plus de 26 heures de classe par semaine.

Ecole primaire supérieure de garçons.	Classes I	II	III	IV	V	VI	Total.
Religion et morale.	1	1	1	1	1	1	6
Langue maternelle.	4	4	3	3	3	3	20
Magyare ou allemand.	3	3	3	3	3	2	17
Histoire et géographie.	4	4	4	5	5	5	27
Histoire naturelle.	2	2	2	—	—	—	6
Physique et chimie.	—	—	3	4	3	3	13
Arithmétique.	4	4	4	4	3	3	22
Géométrie et dessin linéaire.	4	4	3	2	2	2	17
Comptabilité.	—	—	—	2	2	2	6
Eléments de l'économie nationale.	—	—	—	—	—	2	2
Eléments du droit civil commercial et pénal.	—	—	—	—	—	2	2
Agriculture ou technologie.	—	—	—	—	2	2	4
Calligraphie.	1	1	—	—	—	—	2
Dessin d'imitation.	—	—	2	2	2	2	4
Chant.	2	2	1	1	1	1	8
Gymnastique.	2	2	2	2	2	2	12
	27	27	28	29	29	32	172

Ecole primaire supérieure de filles.	Classes I	II	III	IV	Total
Religion et morale.	2	2	2	2	8
Langue (lecture, conversation, littérature).	4	3	3	3	13
Langue magyare ou allemand.	—	3	3	3	9
Mathématiques (arithmétique et comptabilité).	5	3	3	5	16
Histoire et géographie.	2	2	5	3	12
Sciences naturelles et physiques — Physique.	—	—	2	—	2
Sciences naturelles et physiques — Chimie.	—	—	—	2	2
Sciences naturelles et physiques — Histoire naturelle.	2	2	—	—	4
Cuisine et ménage.	—	—	—	2	2
Travaux manuels.	2	2	2	2	8
Arts — Dessin.	3	3	2	2	10
Arts — Calligraphie.	2	2	2	—	6
Arts — Chant.	2	2	2	2	8
	24	24	26	26	100

Ecoles industrielles pour les filles.

Dans les villes ou bourgs d'une population de plus de 2,000 habitants qui ne possèdent ni école moyenne ni école supérieure, on a créé ces écoles qui remplacent pour les filles les cours complémentaires suivis par les garçons; elles y sont admises en sortant de l'école élémentaire. Le programme est celui des écoles primaires moyennes, et les cours durent deux ans.

TROISIÈME PARTIE

STATISTIQUE

I. — AUTRICHE.

Les renseignements statistiques qui suivent sont extraits du XXIIe volume de la statistique générale de l'empire d'Autriche publié en 1890; ce sont par conséquent les plus récents. Ils portent sur l'année scolaire 1887-88 et sont du plus haut intérêt. Je ne pouvais, sans donner trop d'extension à mon travail, les reproduire tous; mais j'en ai extrait les plus importants, et je n'ai pas hésité, en ce qui concerne en particulier la fréquentation des écoles, à en donner le tableau complet, malgré son étendue. On ne sera pas peu surpris, en le parcourant, de voir combien d'enfants, malgré les peines assez sévères édictées par la loi, sont encore soustraits à la fréquentation de l'école. La proportion est en effet d'un dixième pour tout l'empire, et varie considérablement d'un pays à l'autre ; c'est ainsi que pour la Galicie il est de 281,453 sur 713,188, soit un peu plus du tiers, tandis que pour l'Autriche inférieure, elle est seulement de 0,7 %.

Les chiffres parlant d'eux-mêmes, la publication des tableaux me dispensera de longs commentaires.

Après la statistique générale, je donnerai quelques détails sur la statistique particulière de l'Autriche inférieure, et surtout de la ville de Vienne.

1° Ecoles normales.

Il y a en Autriche 70 écoles normales, dont 43 d'instituteurs et 27 d'institutrices, qui se partagent ainsi suivant la langue d'enseignement : 40 allemandes, 12 slaves, 6 polonaises, 2 italiennes, 2 croates et 8 diverses.

Tableau I. Personnel enseignant.

	Masc.	Fém.	Total.
Direction.	41	22	63
Professeurs ordinaires.	188	96	284
— de religion.	38	25	63
— suppléants.	34	7	41
Maîtres de l'école annexe.	177	89	266
Maîtres adjoints.	13	17	30
Aides.	110	137	247

2° Élèves.

Comme l'indique le tableau II, les différentes écoles normales ont été fréquentées par 8,900 élèves, dont 5,770 jeunes gens et 3,130 jeunes filles, qui se divisent ainsi qu'il suit

1° D'après leur langue maternelle, sur 100 élèves il y a

46,8	hommes	47,8	femmes parlant	l'allemand.
26,4	—	21,8	—	cecho-slave.
13,4	—	17,0	—	polonais.
5,1	—	1,7	—	ruthène.
5,1	—	4,9	—	sud-slave.
4,9	—	5,5	—	italien.
1,2	—	0,5	—	roumain.
0,0	—	0,7	—	magyare.
0,1	—	0,3	—	autres.

2° D'après leur religion, sur 100 élèves il y a

93,9	hommes	93,2	femmes	catholiques.
2,6	—	0,9	—	orthodoxes.
2,7	—	1,3	—	protestants.
0,8	—	4,6	—	israélites.

Tableau II. Elèves.

	Cours préparatoires.		Cours normaux.		Cours pour		Ensemble.
	masc.	fem.	masc.	fem.	travaux man.	écoles mater.	
Autriche inférieure.	111	32	644	490	50	92	1419
— supérieure.	—	—	140	83	—	—	223
Salzbourg.	—	—	114	—	—	—	114
Styrie.	32	—	180	103	—	16	333
Carinthie.	30	—	99	—	—	—	129
Carniole.	—	—	72	70	4	9	155
Istrie, Trieste, Gœrz et Gradisca.	—	—	95	101	—	—	196
Tyrol et Vorarlberg.	19	—	230	241	—	5	495
Bohême.	—	—	1739	530	96	81	2446
Moravie.	—	—	655	261	68	27	1011
Silésie.	23	—	410	71	—	23	527
Galicie.	275	—	627	535	—	32	1469
Bukovine.	45	—	150	94	—	—	289
Dalmatie.	16	11	42	25	—	—	94
	551	43	5,197	2,606	218	285	8,900

2° Ecoles primaires élémentaires et supérieures.

Le nombre total des écoles primaires est de 18,079, ce qui fait 6,1 par 100 kilom. carrés et 7,8 par 10,000 habitants pour tout l'empire. Cette proportion varie considérablement suivant les provinces ; c'est ainsi qu'elle est respectivement de 2,5 et 6,3 en Dalmatie ; de 10,4 en Moravie, et de 8,2 et 6,3 en Autriche inférieure.

Elles se partagent (tableau III) en 16,688 écoles primaires élémentaires, 415 écoles primaires supérieures et 976 écoles privées. Parmi ces dernières, 509 jouissent des droits des écoles publiques, de sorte qu'il n'y a en réalité que 267 écoles privées dans toute l'acception du mot. En Bohême seule, il y a 210 écoles primaires supérieures et 4,655 élémentaires; en Galicie, 14 et 3,304 ; enfin, en Autriche inférieure, 89 et 1,438.

Tableau III.

Ecoles primaires publiques et privées.

	Ecoles publiques		Ecoles privées	Totaux	par kilom. carré	par 10,000 habitants
	prim.	supér.				
Autriche inférieure.	1.438	89	97	1.624	8,2	6,3
— supérieure.	494	8	34	536	4,5	6,9
Salzbourg.	157	2	17	176	2,4	10,4
Styrie.	784	6	49	839	3,7	6,6
Carinthie.	351	2	11	364	3,5	10,1
Carniole.	285	1	16	302	3,3	6,7
Istrie, Trieste, Gœrz.	345	4	40	389	5,7	6,6
Tyrol et Vorarlberg.	1.708	3	64	1.775	6,1	19,3
Bohême.	4.656	210	282	5.149	9,9	8,9
Moravie.	2.157	64	77	2.298	10,4	10,4
Silésie.	468	6	56	530	10,4	9,0
Galicie.	3.306	14	195	3.515	4,5	5,4
Bukovine.	272	1	19	292	2,8	4,6
Dalmatie.	266	5	19	290	2,5	6,3
	16.688	415	976	18.079	6,1	7,8

Tableau IV. Ecoles primaires d'après le nombre des classes.

	1	2	3	4	5	6	7	8
Autriche inférieure	462	324	204	85	331	32	0	—
— supérieure	172	157	80	34	41	9	1	—
Salzbourg	84	42	16	9	5	1		—
Styrie	296	200	137	85	60	6		—
Carinthie	174	118	31	16	11	1		—
Carniole	177	59	20	25	3	1		—
Istrie, Trieste, Gœrz	179	73	32	27	25	9		—
Tyrol et Vorarlberg	1.199	378	66	34	28	2	1	—
Bohême	1.240	1.519	779	399	630	74	13	3
Moravie	1.048	591	223	124	135	26	10	—
Silésie	265	119	27	27	19	9	2	—
Galicie	2.764	278	61	158	29	13	3	—
Bukovine	221	19	7	19	2	4		—
Dalmatie	209	39	12	6	0	0		—
	8.490	3.916	1.695	1.048	1.319	187	30	3

D'après la langue maternelle, qui, suivant la loi, est la langue d'enseignement, on a le tableau ci-dessous :

Tableau V.

	Ecoles publiques.		Ecoles privées.		Total.	
		%		%		%
Allemand	7,079	41,4	641	65,7	7,720	42,7
Ceco-Slave	4,346	25,4	128	13,1	4,474	24,7
Polonais	1,595	9,3	110	11,3	1705	9,4
Ruthène	1,819	10,6	3	0,3	1822	10,1
Slovène	564	3,3	7	0,7	571	3,2
Italien	851	5,0	46	4,7	897	5,0
Serbo-croate	311	1,8	9	0,9	320	1,8
Roumain	80	0,5	1	0,1	81	0,4
Magyare	0	0	1	0,1	1	0,0
Divers	458	2,7	30	3,1	488	2,7

1° Personnel enseignant.

Le personnel enseignant, comme l'indique le tableau VI, comprend 58,752 personnes, dont 44,839 instituteurs et 13,913 institutrices. Parmi les 44,839 instituteurs se trouvent 13,514 professeurs de religion, dont 13,174 clercs et 340 laïques. Dans les 13,913 institutrices sont comprises 6,616 maîtresses de travaux manuels.

En ce qui concerne les titres de capacité de ce personnel, on constate que sur 100 maîtres ou maîtresses, il y a :

83,7 maîtres et 74,0 maîtresses pourvus du certificat d'aptitude pédagogique ;

11,0 maîtres et 17,0 maîtresses pourvus du certificat de maturité ;

5,3 maîtres et 9,0 maîtresses sans certificats.

Voir tableau ci-contre.

Tableau VI. Personnel enseignant.

	Masculin.			Féminin.			
	Totaux partiels.	Instituteurs.	Prof. de religion.	Totaux partiels.	Institutrices.	Profes. de langues étrangères Travaux manuel et autres.	Totaux généraux.
Autriche inférieure. . .	5,889	2,622	1,425	2,738	1,300	1,438	8,627
Autriche supérieure. . .	1,541	923	618	515	248	267	2,056
Salzbourg. .	463	251	212	128	44	84	591
Styrie. . . .	2,330	1,453	877	716	409	307	3,046
Carinthie. . .	920	527	293	141	97	44	961
Carniole. . .	650	370	280	159	104	55	809
Istrie, Trieste, Gœrz. . .	917	531	386	445	380	65	1,369
Tyrol, et Vorarlberg. . .	3,190	1,553	1,637	1,299	1,132	167	4,489
Bohême. . .	14,949	11,956	2,993	4,491	1,495	2,996	19,440
Moravie. . .	5,512	4,141	1,331	1,015	468	547	6,527
Silésie. . .	1,133	826	307	198	71	127	1,331
Galicie. . .	6,315	3,694	2,621	1,822	1,366	456	8,137
Bukovine. . .	613	321	292	144	127	60	757
Dalmatie. . .	516	274	242	102	140	4	618
	44,839	31,324	13,514	13,913	7,297	6,616	58,751

2° Elèves.

Sur 3,335,674 enfants ayant l'âge scolaire (voir Tabl. VII, à la fin du présent volume), 2,795,304 fréquentent une école publique élémentaire ou supérieure ; 103,662 une école privée ; 52,683 une école d'une autre catégorie ou sont instruits à la maison; 21,895 sont dispensés pour incapacité physique ou intellectuelle; enfin 365,593 ne fréquentent aucune école.

Le tableau suivant donne la proportion pour cent de chacune de ces catégories dans les différentes provinces.

Tableau VIII. Pourcentage des enfants des deux sexes.

	Fréquentant une				
	École publique.	École privée.	École d'un autre ordre ou instruits à la maison.	Aucune école.	Dispensés pour incapacité physique ou intellectuelle.
Autriche inférieure. . . .	94,86	3,22	2,25	0,07	0,35
— supérieure. . .	96,45	4,03	1,01	0,01	0,53
Salzbourg.	89,38	8,53	1,45	0,15	1,26
Styrie.	89,32	4,14	1,40	2,81	2,32
Carinthie.	92,84	2,20	1,26	3,12	1,42
Carniole.	78,49	4,51	1,39	7,62	1,17
Istrie, Trieste, Gœrz et Gradisca.	66,73	2,80	2,46	22,05	1,59
Tyrol et Vorarlberg. . .	93,03	3,53	1,33	0,28	0,61
Bohême.	95,26	2,55	1,28	0,44	0,49
Moravie.	94,90	2,53	2,04	0,52	0,58
Silésie.	86,85	10,28	1,07	1,01	0,85
Galicie.	56,93	2,46	1,57	39,46	0,35
Bukovine.	45,15	2,78	1,42	49,70	0,88
Dalmatie.	71,10	5,73	2,21	18,90	1,89
	83,80	3,11	1,58	10,96	0,66

Tableau IX.

Proportion pour 1,000 habitants des enfants

	Soumis à l'obligation.	Fréquentant une école.
Autriche inférieure.	142,3	135,0
— supérieure.	147,9	142,6
Salzbourg.	141,6	126,5
Styrie.	140,1	125,2
Carinthie.	147,7	137,1
Carniole.	128,2	100,6
Istrie, Trieste, etc.	142,7	95,3
Tyrol et Vorarlberg.	154,4	143,6
Bohême.	172,2	164,6
Moravie.	175,3	166,3
Silésie.	155,6	135,2
Galicie.	110,5	62,9
Bukovine.	120,2	54,3
Dalmatie.	49,2	35,0
	142,0	119,0

Il n'est pas sans intérêt de savoir avec quelle sévérité sont appliquées les peines édictées par les lois contre ceux qui se sont soustrait à l'obligation. Le tableau suivant donne, sur 100 écoliers à l'âge scolaire, la proportion de ceux qui se sont complètement soustraits à l'obligation et le nombre des condamnations prononcées.

Tableau X.

Rapport entre le nombre des insoumis et le nombre des condamnations sur 100 inscrits.

	Nombre	
	des insoumis	des condamnations
Autriche inférieure.	0,07	6,40
— supérieure.	0,01	2,88
Salzbourg.	0,15	1,60
Styrie.	2,81	6,03
Carinthie.	3,12	4,70
Carniole.	7,62	7,03
Istrie, Trieste, etc.	22,05	3,92
Tyrol et Vorarlberg.	0,28	0,84
Bohême.	0,44	7,58
Moravie.	0,52	6,11
Silésie.	1,01	1,11
Galicie.	39,46	3,54
Bukovine.	49,70	4,51
Dalmatie.	18,90	25,08
	10,96	5,56

Tableau XI. Punitions infligées pour infraction à l'obligation.

	Nombre des insoumis	Condamnés à			Chiffre des amendes en florins
		un jour et plus de prison	à moins d'un jour	à l'amende	
Autriche inférieure. .	23,591	1,404	7,120	15,067	9,498
— supérieure. .	3,305	206	1,404	1,695	1,859
Salzbourg.	388	60	43	285	499
Styrie.	10,732	231	776	9,725	12,980
Carinthie.	2,489	136	609	1,744	2,626
Carniole.	4,507	39	982	3,486	2,782
Istrie, Gœrz et Gradisca (sans Trieste).	3,842	145	778	2,919	3,991
Tyrol et Vorarlberg. .	1,189	172	149	868	705
Bohême.	75,478	8,739	28,604	38,135	25,541
Moravie.	23,804	2,906	10,072	10,826	7,668
Silésie.	1,025	230	463	332	880
Galicie.	25,212	2,489	0	22,723	11,383
Bukovine.	3,457	442	382	2,633	5,579
Dalmatie.	6,445	6	3	6,436	7,530
	185,464	17,205	51,385	116,874	93,521

Statistique spéciale des écoles primaires publiques de la ville de Vienne.

Il existe actuellement, dans la capitale de l'Autriche, 149 écoles primaires publiques qui se divisent en 38 écoles primaires supérieures (*Burgerschulen*) et en 131 écoles primaires élémentaires (*Volksschulen*), auxquelles il faut ajouter une école de garçons et une école de filles annexées aux deux écoles normales.

Le tableau suivant permet de constater l'augmentation considérable de ces écoles, et en particulier des écoles supérieures, dont la création ne remonte pas au delà de 1870.

Cette augmentation paraîtra encore plus sensible si on met en regard le chiffre de la population.

Ecoles

Année.	1° Supérieures.		2° Elémentaires.			Total.	Chiffre de la population.	Ecole pour
	garçons.	filles.	garçons.	filles.	mixtes.			
1870	0	0	35	36	11	82	607,514	7,409
1875	12	9	35	37	8	101	657,691	6,512
1880	14	14	46	48	3	125	708,421	5,713
1887	17	19	50	51	10	149	790,381	5,500

Personnel enseignant.

Il y a à la tête de chaque école un directeur ou un instituteur principal faisant fonctions de directeur. Il est à noter que la direction des écoles de filles est toujours confiée à un homme ; il n'y a pas à Vienne de directrices d'écoles. Lorsqu'une école de filles et une de garçons sont réunies dans le même bâtiment, il n'y a qu'un directeur pour les deux.

Les maîtresses des classes de filles sont ordinairement des institutrices, mais rien ne s'oppose à ce que ce soit des instituteurs.

Il y a actuellement 1676 maîtres, dont 1147 hommes et 529 femmes. Le tableau comparatif suivant donne, dans chaque catégorie, le nombre des instituteurs et institutrices pour les années 1875, 1880 et 1887.

Tableau du personnel enseignant.

1° *Masculin.*	1875	1880	1887
Directeurs.	26	30	41
Instituteurs principaux.	69	88	99
Directeurs provisoires.	5	8	14
Professeurs d'écoles primaires supérieures.	127	138	222
Instituteurs.	383	434	479
Instituteurs adjoints.	121	48	165
Instituteurs adjoints provisoires.	0	127	127
Total.	731	873	1147
2° *Féminin.*			
Professeurs d'écoles prim. supérieures.	17	34	57
Institutrices.	58	162	216
Institutrices adjointes.	113	73	145
Institutrices adjointes provisoires.	0	89	81
Total.	188	358	529
Ensemble.	919	1231	1676

Elèves.

81,118 enfants fréquentent ces écoles et se répartissent ainsi : 6,929 garçons et 9,051 filles dans les écoles supérieures ; 32,847 garçons et 32,291 filles dans les écoles élémentaires.

La loi du 25 mai 1868 qui rend obligatoire l'instruction primaire, a eu une influence considérable sur les fréquentations des écoles, surtout si on compare le chiffre des élèves à celui de la population totale.

On remarquera en effet, dans le tableau suivant, que de 1869 à 1879 le nombre des écoliers a presque doublé, tandis que la population n'a augmenté que de un cinquième. On verra en outre que cette augmentation s'est faite exclusivement au profit des écoles élémentaires.

	Ecoles supérieures.		Ecoles élémentaires.		Total.	Population.	0/000
	garçons	filles.	garçons	filles.			
1869	0	0	18,321	17,292	35,613	595,272	59,3
1879	7,599	8,581	21,938	22,924	61,072	708,421	86,2
1887	6,929	9,051	32,847	32,291	81,118	790,381	101,2

II. — HONGRIE.

Le dernier volume de statistique publié en allemand date de 1886 ; il contient tout ce qui concerne les écoles primaires pour l'année scolaire 1884-85 (1). Mon ignorance de la langue magyare ne m'a pas permis d'utiliser des documents plus récents ; j'ai dû puiser dans cette unique source les renseignements statistiques qui suivent.

(1) Das ungarische unterrichts-wesen, Buda-Pesth, 1886

1° Ecoles normales.

Il y avait en 1884, 70 écoles normales, 54 d'instituteurs et 16 d'institutrices; on n'en comptait que 24 en 1869. C'est donc une augmentation de 52, 2 %. Cette augmentation porte presque totalement sur les écoles de l'Etat. Il n'y en avait en effet en 1869 que 5 contre 24 en 1884. Les écoles confessionnelles étaient, à la première date, au nombre de 41, et à la dernière de 45, se décomposant en 23 catholiques romaines, 3 catholiques grecques, 4 orthodoxes, 4 réformées, 10 évangéliques et 1 israélite.

La langue d'enseignement est le magyare dans 55;
Le magyare et l'allemand dans 3;
Le magyare et le roumain dans 2;
L'allemand dans 5;
Le roumain dans 3;
Le serbe dans 2.

Personnel enseignant.

L'enseignement y est donné par 641 professeurs, parmi lesquels 194 enseignent dans les 18 écoles d'instituteurs et 93 dans les 6 écoles d'institutrices. Dans le nombre de 641 sont compris 120 professeurs de religion.

Elèves-maîtres.

Le nombre des élèves, qui était en 1869 de 1556, s'est élevé en 1884 à 3632, dont 2641 garçons et

991 filles qui se répartissent ainsi, suivant la langue qu'ils parlent :

3,069 ou 84 %	le magyare
44 ou 1,2 %	l'allemand
199 ou 5,5 %	le roumain
106 ou 3 %	le serbe
142 ou 4 %	le magyare et l'allemand
72 ou 2 %	le magyare et le roumain.

De ce nombre, 2,490 sont boursiers, et 1,142, dont 715 garçons et 427 filles, sont instruits et entretenus à leurs frais.

Le tableau suivant indique leur répartition dans les différentes écoles d'après leur sexe et le nombre d'années d'études.

	Années d'études.								Total.	
	I		II		III		IV			
	H	F	H	F	H	F	H	F	H	F
24 Ecoles de l'Etat.	270	164	285	122	274	118	237	130	1066	539
15 — cath. rom.	224	164	217	85	211	139	16	13	668	401
4 — cath. grecq.	101		72		56				220	
4 — orthodoxes.	62	21	60	8	50	27	22		194	56
4 — réformées.	73		78		50		1		202	
10 — évangéliq.	53		58		54		23		188	
1 — israélite.	25		25		20		24		94	
	808	349	795	215	715	284	323	143	2645	991

2° Ecoles primaires.

Le nombre des écoles, qui était en 1869 de 13,798, s'élève en 1884 à 16,205 ; c'est donc une augmentation de 17,5 0/0. La superficie totale du royaume étant de 280,399 kilom. carrés, le nombre des communes de 12,692 et le chiffre des habitants de 13,749,603, il y a une école par 17,3 kilom. carrés et par 848 habitants.

Ces écoles se divisent en 15,993 élémentaires, 76 moyennes et 136 supérieures. En 1869, il n'y avait ni école complémentaire ni école supérieure; 1,021 sont des écoles de garçons, 1,197 des écoles de filles et 13,987 des écoles mixtes. Comme l'indique le tableau suivant, 503 appartiennent à l'Etat, 1,844 aux communes, 13,745 aux différentes confessions religieuses et 207 sont des écoles privées. En 1869, il n'y avait pas d'écoles primaires de l'Etat; en 1881, il y en avait déjà 318 et en 1884, 503.

14,722 écoles sont dans des locaux qui leur appartiennent et 1,483 sont en location. Le nombre des salles de classe est de 23,152. Bien que ce nombre ait augmenté de 6,253 depuis 1869, il est encore inférieur de 4,000 au chiffre qui serait nécessaire, si tous les enfants soumis à l'obligation fréquentaient les écoles. Mais si l'on prend la moyenne des fréquentations régulières, on constate que le nombre des classes est suffisant, en admettant le chiffre de 60 enfants par classe.

1° Écoles publiques.	Écoles. garçons.	filles.	mixtes.	Total.
Écoles de l'État.	108	118	277	503
— Communales.	236	228	1380	1844
Écoles confessionnelles. Catholiques Romaines. .	260	317	4760	5337
— Grecques. .	34	31	2116	2181
Grecques orientales. .	26	28	1743	1797
Réformées.	264	284	1784	2332
Évangéliques.	36	40	1363	1436
Unitaires.	3	2	51	59
Israélites.	35	19	455	509
2° Écoles privées.	19	130	58	207
	1021	1197	13,387	16,205

Classement des écoles d'après :

1° *Le temps consacré à l'instruction* :

12,645 écoles de temps complet ;

3,210 écoles de demi-temps ;

1,329 écoles de temps et de demi-temps, suivant l'époque de l'année.

2° *Le sexe des élèves* :

1,135 écoles de garçons, soit 6,8 0/0

875 — de filles, soit 5,2 0/0

14,679 — mixtes, soit 88 0/0.

Dans les écoles primaires supérieures, où la séparation des sexes est obligatoire, on compte 234 écoles de garçons et 181 écoles de filles.

3° *Le nombre des classes par école.*

1	2	3	4	5	6	7	8	9	10	11	12 et plus
12,763	1,960	613	413	165	96	66	54	24	19	14	18

4° *La langue qu'on y parle.*

Dans	7938	écoles on parle	seulement	le magyare
—	676	—	—	l'allemand
—	2843	—	—	le roumain
—	1378	—	—	le slovaque
—	247	—	—	le serbe
—	80	—	—	le croate
—	259	—	—	le ruthène
—	9	—	—	le bulgare
—	9	—	—	l'italien
Dans	1039	écoles on parle	le magyare	et l'allemand
—	235	—	—	et le roumain
—	925	—	—	et le slovaque
—	71	—	—	et le serbe
—	72	—	—	et le croate
—	325	—	—	et le ruthène
—	48	—	—	et le bulgare
—	4	—	—	et l'italien.

Enfin dans 82 écoles on parle une ou deux de ces différentes langues, à l'exclusion du magyare.

Nous avons vu que les écoles primaires moyennes étaient au nombre de 76, dont 22 appartenant à l'État, 27 aux communes, 22 aux différentes confessions religieuses (13 catholiques romaines) et 5 à des corporations civiles.

Parmi les 136 écoles primaires supérieures, 31 sont entretenues exclusivement par l'Etat; 46 par les communes avec le concours de l'Etat; 26 par les communes seules; 21 par des particuliers et 12 par les différentes confessions religieuses.

Personnel enseignant.

Il y a en Hongrie 20,580 instituteurs et seulement 2,578 institutrices, soit un total de 23,158 :

1005	dont	336	femmes dans les	écoles de l'Etat.
3835	—	814	—	communales,
7641	—	940	—	cathol. rom.,
2170	—	12	—	cathol. grecques,
2061	—	72	—	grecques orient.,
2896	—	61	—	réformées,
2144	—	34	—	évangéliques,
62	—	1	—	unitaires,
958	—	86	—	israélites,
384	—	222	—	privées.

De ces 23,158 personnes, 21,930 appartiennent aux écoles primaires, 352 aux écoles primaires moyennes et 876 aux écoles primaires supérieures.

19,121 parlent le magyare comme langue matern.
938 — enseignée.
1,857 connaissent un peu le magyare.
1,242 ne possèdent pas cette langue.

Elèves.

Le nombre des enfants soumis à l'obligation, c'est-à-dire âgés de 6 à 15 ans, est de 2,276,917, soit 16,56 0|0 du chiffre total de la population. Sur ce nombre, 1,800,731 ont fréquenté régulièrement l'école et 476,186 n'ont reçu aucune instruction ; c'est une proportion de 79 0|0 pour les premiers et de 21 0|0 pour les seconds.

Le chiffre de 2,276,917 se décompose en 1,638,153 enfants âgés de 6 à 12 ans et 638,764 âgés de 12 à 15. La proportion de la fréquentation est de 85,19 0|0 pour le premier groupe, et seulement de 63,41 pour le second. On voit, d'après ces chiffres, que la proportion des délinquants est pour les uns de 14,81 0|0 et pour les autres de 36,59.

Si l'on compare ces chiffres à ceux de 1869, on constate que si l'obligation n'a pas encore produit tous les effets qu'on est en droit d'en attendre, elle a cependant une influence considérable sur la fréquentation des écoles. C'est ainsi qu'en 1869 la proportion des enfants âgés de 6 à 12 ans fréquentant l'école était de 68,83 0|0 ; de 12 à 15 ans, 6,75 0|0.

Elle s'est élevée en 1884 pour les premiers à 85,19 pour les seconds à 69,41.

Classement des élèves — d'après l'âge, le sexe et la fréquentation :

	6 à 12 ans			
	garçons	%	filles	%
Soumis à l'obligation. . .	834,234		803,919	
Fréquentant l'école. . . .	736,186	88	659,503	82
Ne la fréquentant pas. . .	98,048	12	144,416	18
	13 à 15 ans			
	garçons	%	filles	%
Soumis à l'obligation. . .	326,758		311,976	
Fréquentant l'école. . . .	223,138	68	181,904	58
Ne la fréquentant pas. . .	103,650	31	130,072	42

— D'après l'école qu'ils fréquentent :

1° *Enfants de 6 à 12 ans.*

1,208,261 vont à l'école primaire élémentaire.
228 — — complémentaire.
5,783 — — supérieure.
6,223 — secondaire.
5,320 fréquentent les écoles privées.

2° *Enfants de 12 à 15 ans.*

384,233 fréquentent l'école complémentaire.
3,000 — l'école primaire moyenne.
5.967 — — supérieure.
11,842 — — secondaire.

— D'après la religion qu'ils professent :

	Enfants soumis à l'obligation	Fréquentant l'école	%
Catholiques romains. . .	1,107,866	944,270	86
Catholiques grecs. . . .	233,533	137,218	59
Grecs orientaux.	293,019	194,864	66
Réformés.	327,164	259,268	79
Evangélistes.	191,445	170,827	89
Unitaires.	9,030	7,106	79
Israélites.	115,260	87,178	76

— D'après leur langue maternelle :

	Enfants soumis à l'obligation	Fréquentant l'école	%
Magyare.	1,106,438	911,715	82
Allemand.	315,794	282,387	89
Roumain.	365,955	214,633	59
Slovaque.	317,580	268.557	85
Serbe.	61,070	45,778	75
Croate.	40,468	31,350	77
Ruthène.	69,612	46,211	67

Statistique spéciale des écoles primaires publiques de la ville de Buda-Pesth.

Il m'est très difficile de fournir des renseignements détaillés sur les écoles publiques de cette ville, parce que tous les documents sont écrits en magyare, langue qui m'est complètement étrangère.

Je dois tout ce que j'ai pu recueillir à l'obligeance de M. Gustave Alker, conseiller municipal, chargé des écoles, qui a bien voulu me faire visiter un grand nombre d'établissements scolaires.

Il n'y avait, dans la capitale de la Hongrie, en

1868, que 17 écoles publiques ; toutes les autres étaient entre les mains des corporations religieuses. Ce nombre s'est élevé rapidement : on en comptait 33 en 1873, 95 en 1884, 153 en 1887.

Le tableau suivant donne les chiffres exacts des écoles et du personnel enseignant et des écoliers :

1° *Ecoles*, 153.

Primaires supérieures *Burgerschulen*			Elémentaires, *Volkschulen*.			
garçons	filles.	Total.	garçons.	filles.	mixtes.	Total.
7	14	21	48	63	21	132

2° *Personnel*, 1150.

Masculin.				Féminin.			
	Professeurs				Professeurs		
Directeurs.	d'école supér.	d'école élém.	Total.	Directeurs.	d'école sup.	d'école élém.	Total
89	181	329	599	19	66	465	551

3° *Ecoliers*.

Nombre des enfants soumis à l'obligation.		Nombre des enfants ayant fréquenté					Nombre des enfants soustraits illégalement à l'école.	
		1° les écoles supérieur.		2° les écoles élémentaires				
garç.	filles.	garç.	filles.	garç.	filles.	mixtes.	garç.	filles.
29,632	30,547	1,746	3,262	17,037	16,918	9,316	2,305	9,595
60,179		5,008		43,271			11,900	

4***

QUATRIÈME PARTIE

BUDGET

I. — AUTRICHE.

1° Budget général de l'empire.

Les sommes inscrites au budget général ne sont pas considérables, parce que, comme je l'ai dit précédemment, les dépenses de l'enseignement primaire sont à la charge des caisses scolaires départementales et communales.

L'Etat se réservant la surveillance des écoles, il était naturel qu'il en fît les frais; aussi a-t-il inscrit à son budget ordinaire une somme de 710,700 fl. pour le traitement des inspecteurs pendant l'année 1890. Il supporte aussi toutes les dépenses des écoles normales, qui s'élèvent à 1,282,500 fl. pour le traitement des professeurs et l'entretien des écoles, auxquelles il faut ajouter 22,000 fl. de dépenses extraordinaires pour réparations et constructions nouvelles.

Le budget de 1890 porte en outre une somme de 508,042 fl. pour subventions diverses dont les principales sont : 1° 80,000 fl. pour bourses et demi-bourses dans les écoles normales ; 2° 151,112 au fonds normal des écoles ; 3° 94,544 aux écoles primaires élémentaires et supérieures. Soit en tout 2,423,212 florins.

Les recettes de ce chef ne sont que de 89,475 florins, se décomposant ainsi : 83,500 fl. provenant des pensions et des demi-pensions payées par quelques élèves des écoles normales et de l'écolage des écoles annexes ; 5,130 fl. produit de l'écolage dans les écoles primaires de l'Etat, et 845 fl. de recettes diverses.

2° Budget scolaire de la Basse-Autriche.

1° Budget provincial.

Outre les deux écoles normales de Vienne et celle de Krems, qui sont entretenues par l'Etat et qui lui coûtent annuellement 100,000 fl. en chiffres ronds, la province d'Autriche inférieure entretient deux écoles normales, celle de Wiener-Neustadt et celle de Saint-Polten. La première est inscrite au budget pour une somme de 44,656 fl., et la seconde pour 51,233. Ces sommes se décomposent en 50,000 florins environ pour l'entretien des écoles et les traitements du personnel enseignant et autres 37,600 fl. en bourses et demi-bourses et 6,000 fl. pour les jardins et dépenses diverses.

Les deux écoles primaires qui sont annexées coûtent 6,200 et 6,440 fl.

Les dépenses supportées par le budget provincial du chef de ces deux écoles, s'élèvent donc à 105,000 florins.

Les recettes sont insignifiantes ; elles se composent d'une somme de 800 fl. que rapportent les jardins et de 200 fl. payés par le chef de pension pour le local qu'il occupe.

La caisse provinciale étant obligée de couvrir le déficit des caisses départementales, le Landtag vote tous les ans dans ce but une somme assez importante. C'est ainsi qu'au budget de 1887 sont inscrites une somme de 806,187 florins, à titre de subvention aux caisses départementales, une autre somme de 53,775 fl. à titre de subvention aux communes pour la construction et l'entretien des maisons d'école, et 1,000 fl. pour les bibliothèques.

2° Budget départemental.

Les dépenses à la charge de la caisse scolaire départementale sont :

1° Le traitement des maitres et maitresses titulaires ou adjoints ;

2° L'augmentation quinquennale de traitement ;

3° Les suppléments de traitement dus aux directeurs ou maîtres en chef ;

4° Les indemnités accordées aux maîtres qui enseignent des matières non obligatoires.

Voici maintenant le chiffre de ces dépenses :

1° Traitement des maîtres et maîtresses.	1,768,582 fl.
2° Traitement des adjoints diplômés. .	311,500
3° Traitement des adjoints non diplômés.	223,550
4° Augmentation quinquennale. . . .	248,783
5° Supplément pour fonctions diverses.	72,150
6° Indemnité pour enseignement non obligatoire	164,417
7 Achat d'objets nécessaires à l'enseignement	18,290
8° Subvention aux bibliothèques des maîtres.	3,200
9° Frais des conférences d'instituteurs.	11,800
10° Frais de déplacement aux membres des conseils scolaires	2,440
11° Réserve pour dépenses imprévues.	55,550
12° Dépenses diverses	20,845
Total. .	2,906,057

Ces dépenses sont couvertes par :

1° L'impôt (*Schulgeldaquivalent*) qui remplace l'écolage ;

2° L'impôt (*Schulumlag*) qui s'élève à 8 % du principal des contributions foncières et immobilières et à 6 % du principal des contributions mobilières et des patentes ;

3° Le revenu des dons, legs, fondations et le produit des amendes infligées pour infractions à la loi sur l'obligation;

4° La subvention votée annuellement par la Diète.

Ces différentes sources de revenus produisent les sommes suivantes, qui suffisent à couvrir les dépenses de l'instruction primaire dans l'Autriche inférieure :

La première.	1,238,940
La seconde	810,224
La troisième	57,579
La quatrième	806,187
	2,912,930

Dans ces chiffres ne sont pas comprises les recettes et les dépenses faites par la capitale. Cette ville, étant à la fois département scolaire et commune, supporte, au premier titre, les dépenses suivantes :

1° Traitement des directeurs et instituteurs en chef..	491,350 fl.
2° Traitement des instituteurs. . . .	1,118,180
3° Traitement des instituteurs adjoints .	198,030

4° Traitement des instituteurs provisoires.	126,300
5° Supplément pour années de service. .	125,950
6° Traitement des professeurs de gymnastique et autres	93,810
7° Traitement des professeurs des travaux manuels.	96,900
8° Traitement des professeurs de français.	38,310
	1,988,830

3° Budget communal.

Les dépenses à la charge des communes sont : 1° Le loyer des écoles et le logement du maître en chef ou du directeur ; 2° le chauffage, l'éclairage et le nettoyage ; 3° l'entretien des bâtiments ; 4° le mobilier et le matériel d'enseignement.

Ne pouvant donner les dépenses faites par chaque commune, je me contenterai d'exposer celles faites par la capitale en tant que commune ;

1° Loyer des écoles et logement des directeurs	506,680 fl.
2° Chauffage, éclairage, nettoyage, etc. .	153,100
3° Entretien.	58,000
4° Matériel d'enseignement.	13,940
5° Secours et gratifications aux maîtres, aux veuves et orphelins	24,860
6° Subvention à l'école protestante. . .	7,000
	751,430

A cette somme il faut ajouter quelques autres dépenses, telles que 24,964 fl. pour gages de domestiques dans les écoles supérieures, 52,580 fl. pour fournitures scolaires aux enfants pauvres, et quelques autres encore pour une somme totale de 140,000 fl.

Il en résulte que Vienne, en tant que commune, dépense annuellement 892,000 florins.

Il faut ajouter en outre comme dépenses extraordinaires faites en 1886 pour constructions et réparations d'écoles, une somme de 542,550 fl.

Ces dépenses sont supportées par le budget de la ville, à l'exception d'une somme de 11,490 fl. produite par le revenu de certaines fondations et de subventions diverses.

Mais ce n'est pas encore tout. J'ai dit ailleurs que la ville de Vienne avait créé un établissement spécial (*Pædagogium*) pour le perfectionnement des instituteurs. Or elle dépense encore de ce chef une somme de 17,362 fl., se décomposant ainsi : 4,650 fl. pour le traitement des directeurs, 6,640 pour celui des professeurs ; 1,432 pour les gages des domestiques ; 3,000 pour le loyer ; 1,000 pour le matériel d'enseignement, et 640 de dépenses diverses.

Si maintenant on rapproche ces chiffres de ceux

de la population générale et de la population scolaire, on constate ceci :

1° Un enfant instruit dans les écoles primaires et communales coûte au département scolaire 8 fl. 01, et par tête d'habitant, 1 fl. 27.

Dans ces chiffres ne sont pas comprises les dépenses faites par les communes, ni celles de la ville de Vienne.

2° Un enfant instruit dans les écoles primaires communales de Vienne coûte à la ville 34,5 florins, et chaque habitant paye 3 fl. 40, la population générale étant de 790,381 et la population scolaire de 81,118 enfants.

3° Budgets spéciaux.

Fonds normal des écoles (*Normalschulfond*).

Cette caisse ayant une origine et une destination spéciales, il est nécessaire que j'y consacre quelques lignes.

Son institution remonte au règne de Marie-Thérèse. Elle fut créée pour subventionner les écoles entretenues par des particuliers, grands seigneurs ou grands propriétaires, ou encore par les communes, et dont les revenus n'étaient pas suffisants pour couvrir les dépenses. Elle était alimentée par l'Etat, et par les dons, legs, fondations scolaires.

Depuis la loi du 14 mai 1869 (art. 66) (1), cette caisse est administrée par les autorités provinciales et l'emploi des revenus est fixé par le conseil scolaire de chaque province. La destination de ces revenus est restée la même, c'est-à-dire qu'ils servent à subventionner les écoles privées ou communales, et à venir en aide aux instituteurs, à leurs veuves et orphelins.

Le fonds normal de l'Autriche inférieure jouit actuellement d'un revenu d'environ 50,000 fl. Cette somme a été dépensée en indemnités dont les principales sont : 2,636 fl. en pensions aux instituteurs et institutrices ; 2,300 fl. en pensions aux veuves ; 2,250 fl. en gratifications et supplément de traitement, et 35,000 fl. en subventions pour constructions d'écoles.

Caisse des Retraites.

Cette caisse est alimentée : 1° par les retenues faites sur le traitement des instituteurs, qui produit 60,500 fl. ; 2° les bénéfices réalisés sur la vente des livres, 5,026 ; 3° les amendes scolaires, 7,000 ; 4° les économies faites pendant l'année sur le

(1) Voir page 176.

traitement d'instituteurs décédés, ou démissionnaires, ou remplacés par d'autres ayant un traitement inférieur, 32,227 fl.

Tous ces revenus forment une somme de 108,120 florins. Mais les dépenses, comme on va le voir, s'élevant à 280,000 fl., le déficit a dû être comblé par une subvention de 173,000 fl. votée par le Landtag.

Voici le détail de ces dépenses :

1° Pensions des maîtres et maîtresses.	198.953 fl.
2° Pensions des veuves.	64.351
3° Secours aux enfants.	7.461
4° Indemnités en cas de décès. . . .	4.500
5° Frais de bureau.	4.300
6° Diverses.	1.059
Total :	280,614

II. — HONGRIE.

Le seul document que j'aie pu me procurer, et qui est le dernier publié en allemand, est le rapport du ministre de l'instruction publique pour l'année scolaire 1883-84. Les chiffres que je vais donner remontent donc à cette date.

1° *Ecoles normales.*

Sur les 70 écoles normales, quatre font partie intégrante d'autant d'établissements secondaires appartenant à des confessions religieuses ; et leur budget, qu'il est impossible de distraire de ceux de ces établissements, n'est pas compris dans les chiffres qui suivent.

Les dépenses s'élèvent à 768,435 florins. Elles sont couvertes : 1° par l'Etat qui y contribue pour une somme de 510,408, soit 66,5 0/0 ; 2° par les confessions religieuses pour une somme de 97,146, soit 12,6 0/0 ; 3° par le produit de l'écolage ou d'autres revenus pour 73,463 ou 9,6 0/0 ; 4° enfin par des recettes de différentes natures pour 87,418 ou 11,8 0/0.

Le tableau suivant donne le détail des dépenses et par conséquent des recettes de ces différentes origines.

Ecoles.	Recettes provenant					Une école coûte
	de l'Etat.	des églises.	des revenus	de divers.	Total.	
18 Ecoles de l'Etat (Masc.)	325,142	»	5,400	9,608	340,150	18,897
6 Ecoles de l'Etat (Fem.).	176,367	4,780	»	47,779	228,926	38,154
14 Cath. rom. (Masc.). .	16,875	43,980	4,851	10,101	75,807	5,414
9 Cath. rom. (Fém.). .	2,493	9,998	18,920	3,232	34,643	3,849
4 Catholiq. gr.	4,472	5,659	1,250	1,152	12,533	3,133
3 Orthodoxes.	3,259	12,162	7,708	4,320	27,449	6,862
4 Réformées. .	800	5,740	15,693	3,382	25,615	6,270
10 Evangéliq. .	»	14,827	19,641	6,894	41,362	4,136
1 Israélite. .	18,000	»	»	950	18,950	18,950

2° *Ecoles primaires.*

Le total des recettes s'est élevé, en 1884, à 12,917.473 flor., dont 9,457,982 fl. en argent et 3,459,491 en nature.

Ces recettes se décomposent ainsi :

1° Intérêts de 34,348,472 fl. de propriétés immobilières.	2,007,473
2° Intérêts des capitaux placés à 2 fl.96 0/0.	379,863
3° Ecolage.	1,679,491
4° Subvention de l'Etat.	1,245,742
5° Subvention des communes. . . .	4,060,715
6° Subvention des églises.	2,873,487
7° Revenus divers.	671.029
Total :	12,917,473

Les dépenses, s'élevant à un chiffre égal, se répartissent ainsi qu'il suit :

1° Traitement de 20,249 maîtres et maîtresses.	9,055,010 fl
2° Traitement de 2,909 adjoints et adjointes.	834,100
3° Chauffage, éclairage et petites réparations.	827,907
4° Achat et entretien de mobilier et objets d'enseignement.	186,393
5° Secours aux enfants pauvres. . .	151,001
6° Constructions et grosses réparations.	1,205,759
7° Dépenses diverses.	657,303
Total :	12,917,470 fl.

Budget spécial de Buda-Pesth.

Le peu de renseignements que j'ai pu me procurer sur les écoles de cette ville et leur budget se réduisent à ce qui suit:

La ville de Buda-Pesth, comme on l'a vu précédemment, a 153 écoles communales, dont 21 écoles primaires supérieures et 132 élémentaires. L'instruction y est donnée par 1,150 maîtres, dont 599 hommes et 551 femmes.

Les élèves qui les fréquentent sont au nombre de 5,008 pour les écoles primaires supérieures, et 43,271 pour les écoles élémentaires; soit en tout 48,279. Les dépenses ordinaires s'élèvent à près d'un million de florins, dont 180,000 fl. pour le traitement des professeurs des écoles primaires supérieures et 570,000 flor. pour celui des maîtres et maîtresses des écoles primaires élémentaires.

Les dépenses faites pour constructions d'école se sont élevées, de 1868 à 1873, à 1,252,266 fl., et de 1873 à 1885, à 2,846,185 fl., soit en 17 ans à 4,098,424 fl.

APPENDICE

LOI DU 14 MAI 1869,

EN PARTIE MODIFIÉE PAR LA LOI DU 2 MAI 1883) (1) ÉTABLISSANT LES PRINCIPES DE L'INSTRUCTION PRIMAIRE (2).

A. — DES ÉCOLES PRIMAIRES PUBLIQUES.

I. — But et organisation des écoles.

1° L'école primaire a pour but d'élever les enfants dans la morale religieuse, de développer leurs facultés intellectuelles et de leur donner les connaissances nécessaires pour leur perfectionnement ultérieur, ainsi que les principes qui feront d'eux des hommes de bien et des membres utiles à la société (2).

2° L'école primaire créée ou entretenue en tout

(1) Les articles modifiés sont traduits d'après le texte de la loi de 1883.

(2) Voir la circulaire ministérielle du 8 juin 1883.

ou en partie par l'Etat, la province ou la commune est un établissement public et, comme tel, accessible à tous les enfants sans distinction de religion.

Les écoles fondées ou entretenues d'une autre manière sont des établissements privés.

1° *Ecoles primaires élémentaires.*

3° Dans toute école primaire élémentaire, l'enseignement doit comprendre : 1° la religion ; 2° la lecture et l'écriture ; 3° la langue d'enseignement ; 4° le calcul et la géométrie descriptive ; 5° les choses indispensables à connaître en histoire naturelle, en physique, en géographie et en histoire, avec application spéciale à l'histoire du pays et à sa constitution ; 6° le dessin ; 7° le chant ; 8° la gymnastique, non obligatoire pour les filles, et 9° pour ces dernières les travaux manuels.

L'extension à donner à l'enseignement de ces différentes branches est établie d'après le nombre des classes fixé d'après le nombre des élèves. Il en est de même pour les matières autres que celles indiquées plus haut, et en particulier de l'enseignement d'une autre langue nationale (1).

(1) Voir les circulaires ministérielles des 5 avril 1878, 2 août 1879, 6 mai et 21 septembre 1886.

4° Les programmes des études et tout ce qui concerne l'organisation intérieure des écoles sont établis par le ministre de l'instruction publique et des cultes, sur les propositions des conseils scolaires provinciaux.

5° L'enseignement religieux est donné et surveillé par les autorités religieuses de chaque culte; le nombre d'heures à y consacrer est fixé par le plan d'étude. La distribution des matières enseignées appartient à l'autorité religieuse.

Les professeurs de religion, les autorités et les corporations religieuses sont soumis aux lois scolaires et aux ordonnances qui en règlent l'application.

Les décisions prises par les autorités religieuses doivent être communiquées à la direction de l'école par le conseil départemental. Toute prescription incompatible avec l'organisation des écoles sera rejetée.

Dans les localités où il n'y a pas d'ecclésiastique pour enseigner la religion, le maître peut donner cet enseignement, avec l'approbation de l'autorité religieuse, aux enfants de sa religion, en se conformant aux prescriptions des autorités scolaires.

Dans le cas où une confession négligerait l'enseignement de sa religion, le conseil scolaire provincial doit, après entente avec les intéressés, prendre les dispositions nécessaires pour l'assurer.

6° En ce qui concerne la langue d'enseignement ou l'enseignement dans une seconde langue, la décision est prise par le conseil scolaire provincial dans les limites fixées par la loi, après entente avec ceux qui entretiennent l'école.

7° La distribution des matières enseignées est faite pour chaque année de telle façon qu'à chacune de ces dernières corresponde un degré déterminé d'instruction.

Le groupement des enfants en divisions et en classes est subordonné au nombre des élèves et des maîtres. Suivant le besoin, en particulier à la campagne, il sera créé des classes de demi-temps.

8° La désignation des livres d'étude et de lecture est faite par le ministre de l'instruction publique, après avoir consulté les conseils scolaires provinciaux.

Ces conseils choisissent les livres d'étude et de lecture parmi ceux qui sont autorisés, après avoir consulté les conférences départementales des instituteurs.

9° Le nombre d'heures de classe par semaine est fixé pour l'année scolaire par le plan d'étude.

Dans les écoles de fabriques, ce nombre ne peut être inférieur à 12 heures, qui doivent être réparties également entre tous les jours de la semaine. L'école ne doit être ouverte qu'entre 7 heures du matin et 6 heures du soir, l'heure de midi exceptée.

10° Suivant les besoins de la localité, on peut adjoindre aux écoles des établissements où seront soignés, élevés et instruits les enfants qui n'ont pas atteint l'âge scolaire et ceux qui l'ont dépassé (art. 59, alinéa 2).

On peut aussi établir des cours de perfectionnement pour les filles qui ne sont plus soumises à l'obligation.

11° Le nombre des classes est déterminé par le nombre des élèves.

Dès que le nombre des enfants de trois âges consécutifs atteint en moyenne 80, il faut créer une seconde classe; s'il s'élève à 160, il faut en créer une troisième et nommer des maîtres pour chacune d'elles. Dans les écoles de demi-temps, la moyenne peut s'élever à 100 élèves.

Lors de la fixation du nombre des classes dans les écoles où les enfants des deux dernières années d'étude sont instruits en dehors des règles ordinaires (art. 21, alinéa 4), on ne tiendra pas compte de leur nombre. Une fois le nombre des classes fixé, il ne pourra être modifié sans l'assentiment du conseil scolaire provincial.

Une loi provinciale fixera le nombre maximum d'enfants confiés à un seul maître.

12° La direction de l'école appartient à l'instituteur dans les écoles à une classe, et au maître désigné à cet effet dans les écoles à plusieurs classes, qui prend alors ' 'itre de maître supérieur.

13° Les écoles à une classe doivent avoir un maître ; dans celles à deux ou trois, il y aura en outre un maître-adjoint. Dans les écoles à quatre ou cinq classes, il peut y avoir deux adjoints. Dans les écoles plus nombreuses, le tiers des places peut être donné à des adjoints.

14° Les dispositions des art. 3 à 13 sont applicables aussi aux écoles de filles en ce qui concerne le choix et la distribution des matières d'enseignement, le nombre des maîtresses et des adjointes.

Dans les écoles où il y a plusieurs maîtresses, 'une d'elles a la direction de l'école sous le titre de maîtresse supérieure.

15° Les maîtresses et les adjointes des écoles de filles doivent, en général, enseigner les travaux manuels et du ménage, et pour cela on formera une division spéciale.

Cet enseignement est réservé à une maîtresse spéciale, dans les écoles de filles où les professeurs sont des hommes.

Là où il n'y a pas d'école de filles autonome, on nommera une maîtresse spéciale pour les travaux manuels.

16° Une loi provinciale décidera si, dans les basses classes, l'enseignement peut être confié à des femmes.

2° *Ecoles primaires supérieures.*

17° L'école primaire supérieure a pour but de donner une instruction plus complète que celle des écoles primaires et de la diriger spécialement en vue de l'apprentissage des métiers et de l'agriculture. Elle a aussi pour but de préparer à l'admission dans les écoles normales et dans les écoles spéciales qui ne sont pas organisées en vue de l'enseignement secondaire.

Les matières qu'on y enseigne sont : 1° la religion ; 2° la langue d'enseignement et la rédaction ; 3° la géographie et l'histoire, et spécialement celle de la patrie et de la Constitution ; 4° l'histoire naturelle ; 5° la physique ; 6° le calcul et la comptabilité simple ; 7° la géométrie descriptive ; 8° le dessin à main levée ; 9° la calligraphie ; 10° le chant ; 11° la gymnastique, obligatoire seulement pour les garçons ; 12° les travaux à l'aiguille et l'économie domestique pour les filles.

Dans les écoles où on ne parle pas allemand, on donnera toutes les facilités pour apprendre cette langue.

Avec l'autorisation du conseil scolaire provincial, on y enseignera, à titre facultatif, une autre langue vivante, le piano et le violon.

18° L'école primaire supérieure est à trois classes qui font suite aux cinq classes de l'école primaire élémentaire.

Ceux qui les entretiennent ont la liberté de les réunir sous une même direction, et dans ce cas elles prennent le nom de « école primaire élémentaire et supérieure ».

19° Les prescriptions des articles 4 à 8, 10 à 16 sus-exposés sont modifiées ainsi qu'il suit, en ce qui concerne les écoles primaires supérieures :

1° Le plan d'études doit être établi d'après les besoins de la localité ou du département scolaire.

2° La séparation des sexes est obligatoire dans les trois classes de l'école primaire supérieure.

3° La conférence des instituteurs établit les propositions pour le choix des livres d'étude et de lecture à présenter au conseil provincial. Elle peut aussi proposer l'introduction dans les écoles de nouveaux livres.

4° Le maître chargé de la direction de l'école prend le titre de directeur.

5° Le nombre des maîtres, non compris le directeur et le professeur de religion, ne peut être inférieur à trois.

II. — Fréquentation des écoles.

20° Les parents ou leurs représentants doivent l'instruction primaire à leurs enfants et à ceux qui leur sont confiés.

21° La fréquentation de l'école est obligatoire pour les enfants de six à quatorze ans accomplis.

Ils ne peuvent la quitter que quand ils possèdent les connaissances indispensables, c'est-à-dire la religion, la lecture, l'écriture et le calcul.

Les enfants de la campagne et les enfants pauvres des villes ou bourgs qui ont fréquenté régulièrement l'école primaire pendant six années, peuvent, sur la demande de leurs parents ou tuteurs, obtenir quelques concessions, telles que la fréquentation de l'école pendant une partie seulement de l'année, ou pendant une demi-journée, ou pendant certains jours de la semaine.

Ces concessions peuvent être accordées à tous les enfants d'une commune rurale, sur la demande de l'autorité communale faite à la suite d'une délibération du conseil municipal. Dans ce cas, on doit faire en sorte que des classes spéciales soient créées et suivies par ces enfants jusqu'à leur quatorzième année accomplie.

Dans tous les cas énumérés dans les deux paragraphes qui précèdent, les enfants qui profitent des exemptions doivent posséder les connaissances indispensables.

A la fin de l'année scolaire, les enfants qui n'auront pas quatorze ans accomplis, mais les auront dans les six mois suivants, et qui posséderont les connaissances exigées, pourront être libérés de la fréquentation par une décision du conseil départemental.

22° L'admission à l'école aura lieu seulement au commencement de l'année scolaire, sauf le cas de déplacement des parents.

Le conseil départemental, et dans des cas urgents, le conseil local, peut exceptionnellement autoriser l'admission d'enfants dans le courant de l'année.

23° Sont dispensés temporairement ou définitivement de la fréquentation de l'école : 1° les enfants qui fréquentent une école d'enseignement secondaire ou des arts et métiers ou d'agriculture, ou une autre école spéciale, s'ils possèdent les matières enseignées dans les écoles primaires; 2° ceux qui en sont empêchés par leur incapacité intellectuelle ou par de graves lésions corporelles;

3° enfin ceux qui reçoivent l'instruction à la maison ou dans une école privée.

Dans ce dernier cas, les parents ou les tuteurs sont tenus de prouver qu'ils y reçoivent l'instruction exigée dans les écoles primaires.

En cas de doute, le conseil départemental est tenu de s'en assurer et de prescrire les mesures auxquelles devront se soumettre les parents ou tuteurs.

24° Des parents ou tuteurs, aussi bien que les propriétaires de fabriques et d'ateliers, sont responsables de la fréquentation régulière de l'école des enfants qui y sont soumis. Ils peuvent être astreints à remplir ce devoir par l'application des peines légales établies par la loi provinciale.

25° Les parents ou tuteurs doivent fournir à leurs enfants les livres et objets d'enseignement nécessaires.

III. — Préparation et constatation de l'aptitude à l'enseignement.

26° La préparation du personnel enseignant nécessaire est faite d'après le sexe des élèves dans des écoles normales spéciales.

27° Pour l'enseignement pratique, il est annexé à chaque école normale une école primaire élémentaire, et de plus à chaque école normale de filles, une école maternelle.

En outre, il est mis à la disposition de ces écoles un terrain convenable pour l'enseignement de l'agriculture.

28° La durée des cours est de quatre ans.

29° Dans les écoles normales de garçons, les études comprennent: 1° la religion; 2° la pédagogie et son application pratique; 3° la langue d'enseignement; 4° la géographie; 5° l'histoire et la Constitution du pays; 6° l'arithmétique et la géométrie descriptive; 7° l'histoire naturelle; 8° la physique; 9° l'agronomie avec application spéciale aux cultures du pays; 10° la calligraphie; 11° le dessin à main levée; 12° la musique, et en particulier la musique religieuse; 13° la gymnastique.

En outre, là où l'occasion s'en présente, les élèves apprendront les méthodes de l'enseignement des aveugles et des sourds et muets, ainsi que l'organisation des jardins d'enfants et des établissements où sont élevés les faibles d'esprit.

L'enseignement facultatif d'autres langues vivantes peut y être donné avec l'autorisation du ministre de l'instruction publique.

30° Dans les écoles normales d'institutrices, on enseigne: 1° la religion; 2° la pédagogie et son application pratique; 3° la langue d'enseignement;

4° la géographie; 5° l'histoire; 6° l'arithmétique et la géométrie descriptive; 7° l'histoire naturelle; 8° la physique; 9° la calligraphie; 10° le dessin à main levée; 11° la musique; 12° l'économie domestique; 13° la gymnastique.

Lorsque l'occasion s'en présentera, les élèves seront mises au courant de l'organisation des jardins d'enfants.

A titre facultatif, on enseignera d'autres langues vivantes étrangères, avec l'autorisation du ministre de l'instruction publique.

L'enseignement pratique de l'économie domestique se fera, soit à l'école normale de filles, soit dans des cours spéciaux.

31° A moins que les lois de chaque province n'en disposent autrement, la langue d'enseignement sera désignée par le ministre de l'instruction publique, sur la proposition du conseil scolaire provincial.

Là où le besoin s'en fera sentir, les élèves seront mis à même d'apprendre une seconde langue en usage dans le pays, afin d'être capables de l'enseigner au besoin.

32° Pour être admis en première année, le candidat doit être sain de corps et d'esprit et avoir le développement intellectuel ordinaire atteint à l'âge de 15 ans. Dans des conditions particulières, le ministre peut accorder une dispense d'âge de 6 mois au plus.

La preuve de ce développement sera fournie par un examen sérieux portant sur les matières enseignées dans les écoles primaires supérieures. Les connaissances musicales des candidats seront prises en considération.

Les candidats ayant témoigné de leur aptitude sont reçus sans distinction de religion.

33° Le nombre des élèves d'une année ne peut dépasser 40.

34° A la fin de leurs études, les élèves subissent un examen portant sur toutes les branches d'enseignement faisant partie du programme des écoles normales, sous la présidence d'un délégué du conseil scolaire provincial. En cas d'aptitude reconnue, le candidat reçoit un certificat de maturité.

35° Le personnel enseignant des écoles normales se compose du directeur, qui dirige aussi l'école annexe ; de deux à quatre professeurs, des professeurs de religion et des professeurs adjoints en conformité des besoins. Ils sont nommés par le ministre de l'instruction publique, d'accord avec le conseil scolaire provincial.

Les maîtres de l'école annexe sont en même temps maîtres-adjoints de l'école normale.

36° Les droits du personnel enseignant seront réglés par une loi spéciale (1). Les professeurs de religion nommés à titre définitif ont les mêmes droits et devoirs que les professeurs titulaires.

37° L'enseignement donné dans les écoles normales d'instituteurs et d'institutrices est gratuit.

Les élèves pauvres, mais bien doués, peuvent obtenir des subventions en s'engageant à remplir les fonctions d'instituteurs publics pendant au moins six ans.

38° Le certificat de *maturité* donne droit à la nomination *provisoire* aux fonctions de maître ou de maître-adjoint. La nomination *définitive* ne peut avoir lieu qu'après l'obtention du certificat d'*aptitude pédagogique* qui ne peut être obtenu qu'après deux années d'exercice dans un établissement public ou reconnu comme tel et après un examen constatant cette aptitude. La nomination définitive au titre de maître ou d'adjoint dans une école primaire supérieure, ne peut être obtenue qu'à la suite d'un examen subi après trois années d'exercice dans une école primaire publique ou dans une école normale. Les maîtres chargés d'un enseignement technique dans certaines écoles ayant des cours spéciaux, peuvent être dispensés de cet exa-

1) Voir les lois du 19 mars 1872 et du 15 avril 1873.

men par le ministre de l'instruction publique.

Les épreuves pour l'obtention du certificat d'aptitude pédagogique sont subies devant un jury nommé par le ministre de l'instruction publique, dont font partie de droit le directeur et les professeurs de l'école normale et l'inspecteur primaire, auxquels sont adjoints des maîtres distingués de l'enseignement primaire. Il y a en outre des représentants des différentes religions chargés de s'assurer des aptitudes des candidats à l'enseignement de cette matière.

39° En général, la répétition des épreuves n'est admise qu'une fois. Il peut cependant être fait des exceptions par le ministre de l'instruction publique, sur la proposition du jury d'examen.

40° Les candidats à l'enseignement public qui, après avoir obtenu le certificat d'aptitude pédagogique, ont passé trois années en dehors de cet enseignement, sont obligés de subir de nouveau les épreuves avant d'être nommés à titre définitif. Dans les cas particulièrement dignes d'intérêt, le ministre peut en accorder la dispense.

41° Ceux qui n'ont pas suivi les cours d'une école normale reconnue par l'État et qui ont dix-neuf ans accomplis et se trouvent dans les conditions de l'art. 32 peuvent obtenir le certificat de maturité en subissant, devant le jury d'une école normale de l'État les épreuves exigées.

Les conditions imposées pour l'obtention du certificat d'aptitude pédagogique à ceux de ces candidats qui possèdent le certificat de l'enseignement secondaire, sont déterminées par le ministre de l'instruction publique. Mais ils ne peuvent cependant être nommés à titre définitif qu'après une année de fonction dans une école primaire.

42° Pour perfectionner l'instruction des maîtres, particulièrement en ce qui concerne les écoles primaires supérieures, il sera créé des cours spéciaux conformes aux instructions ultérieures du ministre de l'instruction publique (1).

IV. — Perfectionnement des instituteurs.

43° Le développement pédagogique et scientifique des instituteurs doit être poursuivi au moyen de revues scolaires, de bibliothèques, de conférences périodiques et de cours spéciaux.

44° Une bibliothèque à l'usage des maîtres sera établie dans chaque département scolaire. Elle sera administrée par une commission nommée par la conférence départementale des instituteurs.

45° Il y aura, au moins une fois par an, et dans

(1) Circulaire ministérielle du 31 juillet 1886.

chaque département scolaire, une conférence d'instituteurs sous la présidence de l'inspecteur départemental.

On s'y occupera de tout ce qui intéresse les écoles, et en particulier les écoles élémentaires en ce qui concerne les méthodes d'enseignement, l'introduction de nouveaux livres d'étude et de lecture, la discipline scolaire, etc.

Un certain nombre de maîtres des écoles primaires publiques et des écoles normales sont tenus d'y prendre part. Les maîtres des écoles privées peuvent aussi y assister.

46° Tous les six ans et dans chaque province, se réuniront des délégués des conférences départementales sous la présidence de l'inspecteur primaire provincial.

47° Les cours de perfectionnement auront lieu dans les écoles normales en général pendant les vacances de l'automne.

V. — Situation légale des instituteurs.

48° Le service dans une école publique est une fonction publique et légalement accessible à toutes les personnes qui ont fourni la preuve de leur aptitude.

Sont exclus de l'enseignement ceux qui, à la suite d'une condamnation prononcée par un tribunal, ont perdu leur droit d'éligibilité au conseil municipal.

Nul ne peut être placé à la tête d'une école s'il n'est pas apte à enseigner la religion que professe la majorité des élèves admis à cette école, d'après une moyenne établie sur cinq années. Pour l'établissement de cette moyenne, on comptera comme appartenant à la même religion, tous les élèves protestants. Le directeur de l'école est tenu de veiller à ce que tous les élèves soient instruits dans la religion à laquelle ils appartiennent.

49° La nomination provisoire ou temporaire aux postes vacants d'instituteurs primaires appartient au conseil départemental ; celle des professeurs des écoles normales et des écoles annexes appartient au conseil provincial.

50° La nomination définitive des directeurs et des instituteurs titulaires ou adjoints est faite par le conseil provincial, après avis du directeur de l'école intéressée. Cet avis est donné sous forme de proposition ou de présentation. Des instructions précises sur ce sujet, ainsi que sur le passage d'une classe inférieure dans une classe supérieure de traitement, seront données par une loi provinciale.

Le candidat présenté, remplissant les conditions de l'article 48, ne peut être repoussé, à moins qu'il n'ait à sa charge des fautes entachant son honorabilité ou sa moralité, fautes qui entraineraient la destitution d'un instituteur nommé à titre définitif.

51° Les obligations de service d'un instituteur sont réglées d'après les besoins de l'école. Les heures de service fournies au delà de trente heures par semaine donnent droit à une rémunération supplémentaire.

52° Une loi provinciale déterminera les occupations qui sont incompatibles avec les fonctions d'instituteur.

53° Le maitre pourvu du certificat d'aptitude pédagogique pour les écoles primaires, qui se montre inapte à remplir ses fonctions, peut être mis en demeure, par le conseil scolaire provincial, de subir de nouveau les épreuves de l'examen d'aptitude pédagogique. Si son incapacité est reconnue, il perd le bénéfice de son premier certificat et le conseil décide s'il peut être employé comme instituteur provisoire ou s'il doit être éloigné pour toujours de l'enseignement.

54° La négligence dans la tenue de l'école, ainsi qu'une conduite, en dehors de l'école, pouvant nuire à la considération du corps enseignant ou à l'autorité du maitre comme éducateur et instructeur, rend celui-ci passible de peines disciplinaires, sans préjudice des poursuites judiciaires qu'il pourrait encourir.

Des instructions à ce sujet seront données par une loi provinciale, étant admis en principe que nulle révocation ou mise en disponibilité de directeurs, instituteurs titulaires ou adjoints ne pourra être prononcée qu'après un arrêté basé sur une enquête.

55° Les traitements et leur mode de payement sont fixés par une loi provinciale, en se basant sur les principes suivants :

1° Le minimum de traitement doit être tel qu'il permette à un instituteur et à un adjoint de n'avoir pas à rechercher un autre emploi et de se consacrer tout entier à ses fonctions, et surtout de pouvoir élever convenablement sa famille, en tenant compte des besoins locaux.

2° Les instituteurs recevront leurs appointements directement des autorités scolaires, et ne seront pas chargés de percevoir l'écolage.

3° Les mêmes autorités veilleront à ce qu'ils les touchent régulièrement et facilement, et prendront des mesures en conséquence.

56° Les instituteurs titulaires et les adjoints munis du certificat d'aptitude pédagogique, ainsi que leurs veuves et orphelins, ont droit à une pension qui sera fixée d'après les règles adoptées pour les employés de l'Etat.

Les années de stage seront comptées comme années de service.

57° Pour couvrir les frais des pensions, il sera créé, dans chaque royaume ou province, avec le concours des instituteurs, des communes et des provinces, une caisse des pensions administrée par le conseil scolaire provincial.

Les communes qui prennent à leur charge les pensions des instituteurs et de leurs veuves sont dispensées de tout versement à cette caisse.

De plus amples instructions seront données par les lois de chaque province.

58° Les instituteurs rétribués par l'Etat seront pensionnés par lui.

VI. — Création des écoles.

59° L'obligation de créer une école est établie par les lois provinciales, en obéissant aux prescriptions de la loi qui exige qu'une école soit construite partout où quarante enfants, pris dans une moyenne de cinq années, ont plus de quatre kilomètres à parcourir pour se rendre à l'école la plus proche.

Une loi provinciale ordonnera également, lorsque cela sera nécessaire, la construction d'un établissement d'instruction et d'éducation pour les faibles d'esprit et les enfants moralement abandonnés, ainsi que pour ceux indiqués à l'article 10.

60° Les patrons des fabriques ou autres établissements industriels, soit seuls, soit d'accord avec d'autres patrons, sont tenus, en se conformant aux prescriptions légales, d'ouvrir des écoles privées pour les enfants qu'ils emploient et qui ne peuvent fréquenter l'école communale.

61° La législation provinciale détermine les localités où devront être créées les écoles primaires supérieures et en indique les moyens.

VII. — Création et emploi des fonds nécessaires à l'établissement et à l'entretien des écoles.

62° La commune est chargée de subvenir à tous les besoins de l'école avec le concours éventuel d'un tiers ou d'une corporation.

Une loi provinciale fixe la proportion dans laquelle doit y concourir la caisse départementale, dans les cas prévus aux art. 10 et 59, alinéa 2.

63° Chaque école doit être établie dans des locaux appropriés aux besoins de l'enseignement et conformes aux exigences de l'hygiène.

Une loi spéciale de la province fixe le mode de

construction, de distribution et d'entretien des locaux, leur loyer et leur chauffage, et l'installation du logement de l'instituteur.

Dans chaque école il y aura une salle de gymnastique, et dans les écoles de la campagne un jardin pour l'instituteur et un terrain pour l'enseignement de l'agriculture. Les sommes nécessaires, ainsi que celles dépensées pour achat de matériel d'enseignement et autres objets indispensables, seront couvertes, lorsqu'elles ne pourront l'être autrement, par les moyens indiqués par une loi provinciale.

64° Il appartient à la législation de chaque province de créer un fonds provincial ou départemental pour fournir le moyen de doter les écoles primaires communales qui ne posséderaient pas ou ne pourraient se procurer les ressources suffisantes.

En conséquence, elle se prononcera sur le maintien de l'écolage et sur la nomination des instituteurs.

65° Les parents qui font instruire leurs enfants à la maison ou dans une école privée sont exempts de l'écolage, mais non de l'impôt scolaire.

66° L'Etat prend à sa charge les dépenses scolaires lorsque la commune et, à son défaut, le département ne peuvent les couvrir,

Le fonds scolaire normal est constitué par les dons, les legs et les donations sous seing privé, faits en faveur de l'instruction primaire avec destination spéciale. Il est administré par chaque province dans ce sens que la conservation et l'administration des biens et capitaux appartiennent à la délégation administrative de la province, et que les revenus sont employés par le conseil provincial, d'après ses propositions budgétaires adoptées par la Diète.

Les subventions accordées jusqu'à présent par l'Etat seront versées aux fonds scolaires normaux dans une proportion établie d'après la moyenne des subventions des années 1866, 1867 et 1868, et inscrite au budget ordinaire de l'Etat.

Pour la fixation de ces sommes, on retranchera les dépenses qui sont à la charge de l'Etat en vertu des art. 58 et 67.

67° Les frais de dotation des écoles normales primaires et des écoles y annexées, les bourses accordés en vertu de l'art. 37 et les dépenses occasionnées par application de l'art. 42, sont à la charge de l'Etat.

Lorsque, en cas de nécessité, une école annexe est en même temps école communale, les subventions précitées sont augmentées dans la mesure des besoins du personnel enseignant. Le montant en est fixé dans chaque cas par une convention particulière.

Les frais des cours de perfectionnement (art. 47) sont à la charge de l'Etat.

B. — DES ÉCOLES PRIVÉES.

68° L'établissement d'écoles privées pour instituteurs et institutrices est soumis aux conditons suivantes :

1° Les statuts et les plans d'études, ainsi que les changements qui pourraient y être apportés, sont soumis à l'approbation du ministre de l'instruction publique et des cultes.

2° Ne peuvent être nommés directeurs ou professeurs que ceux qui peuvent prouver leur aptitude aux fonctions d'instituteurs, et cela au moins par la possession du certificat d'aptitude pédagogique pour les écoles primaires supérieures et une pratique de trois ans dans l'enseignement. Le ministre peut faire une exception pour ceux qui possèdent d'autres titres équivalents aux précédents.

Ces prescriptions s'étendent aux écoles normales privées dans lesquelles les élèves reçoivent, en outre de l'instruction, le logement et la nourriture.

69° Les écoles normales privées et les séminaires peuvent être autorisés par le ministre à délivrer des certificats équivalents à ceux de l'Etat, à la condition que le programme des études ne diffère pas sensiblement de celui des écoles de l'Etat, que la nomination des directeurs et des professeurs soit approuvée par le conseil scolaire provincial, et que les épreuves auront lieu sous la présidence d'un délégué du gouvernement, qui seul peut donner leur valeur aux certificats.

70° L'établissement des écoles privées dans lesquelles seront reçus des enfants à l'âge scolaire et des internats, est soumis aux conditions suivantes :

1° Les directeurs et maîtres doivent être munis des diplômes exigés des maîtres des écoles publiques de même catégorie. Une exception peut être faite par le ministre en faveur de ceux qui prouvent leur aptitude d'une autre manière.

2° La conduite morale antérieure du directeur doit être sans reproche.

3° Le plan d'études doit comprendre au moins les matières enseignées dans les écoles publiques.

4° La disposition des locaux doit être telle qu'il n'en résulte aucun danger pour la santé des enfants.

5° Tout changement dans le personnel, le plan

d'études et la disposition des locaux doit être soumis, avant d'être exécuté, au conseil scolaire provincial.

L'autorisation d'ouvrir ces établissements est accordée par le conseil scolaire provincial, qui ne peut la refuser s'ils remplissent les conditions énumérées dans les alinéas 1 à 4.

71° Les établissements privés sont soumis à l'inspection de l'Etat. Les directeurs sont personnellement responsables devant les autorités de la bonne tenue de l'établissement.

72° Les écoles privées peuvent être autorisées par le ministre de l'instruction publique à délivrer des certificats équivalents à ceux de l'Etat, si l'organisation et les programmes de ces écoles sont conformes à ceux des écoles publiques de même catégorie.

Si une école privée supplée au besoin de créer une école publique communale, la commune n'est pas tenue d'en établir une.

Ces écoles perdront la qualité d'écoles publiques si elles ne remplissent plus les conditions exigées pour celles-ci.

73° Seront fermées par l'ordre du conseil scolaire provincial les écoles privées qui n'observeront pas les lois ou qui sont manifestement immorales.

TABL. VII. — Fréquentation des écoles primaires pendant l'année scolaire 1887-88.

	ENFANTS SOUMIS A L'OBLIGATION			ENFANTS AYANT FRÉQUENTÉ — 1° UNE ÉCOLE PUBLIQUE			ENFANTS AYANT FRÉQUENTÉ — 2° UNE ÉCOLE PRIVÉE			ENFANTS AYANT FRÉQUENTÉ — 3° une école d'un autre ordre ou instruits à la maison			DISPENSÉS POUR INCAPACITÉ PHYSIQUE ou intellectuelle			SOUSTRAITS à l'obligation sans cause légitime		
	garçons	filles	ensemble	garçons	filles	ensemble	garçons	filles	ensemble	garçons	filles	ensemble	garçons	filles	ensemble	garçons	filles	ensemble
Autriche inférieure. . .	184,810	184,526	368,836	174,484	175,343	349,827	3,092	8,794	11,886	7,059	1,236	8,295	869	420	1,289	»	»	273
Autriche supérieure . .	56,751	57,996	114,747	56,211	54,413	110,624	916	3,707	4,623	973	184	1,157	288	319	607	6	4	10
Salzbourg.	11,986	12,223	24,209	11,572	10,059	21,631	28	2,036	2,064	316	35	351	»	»	305	»	»	36
Styrie.	88,828	89,156	177,984	81,471	77,518	158,989	1,056	6,306	7,362	2,005	492	2,497	1,953	2,174	4,127	2,317	2,692	5,009
Carinthie	26,527	26,493	53,020	25,075	24,135	49,210	86	1,080	1,166	514	162	676	372	383	755	769	887	1,656
Carniole	32,723	31,389	64,112	26,688	23,627	50,315	704	2,185	2,889	790	103	893	376	371	747	2,055	2,828	4,833
Trieste.	10,719	10,111	20,830	7,558	6,689	14,247	331	901	1,232	1,051	52	1,103	»	»	»	»	»	»
Gorz et Gradisca. . . .	18,135	17,237	35,372	15,126	13,986	29,112	58	544	602	544	184	728	305	363	668	2,102	2,160	4,262
Istrie.	21,711	20,150	41,861	12,608	9,496	22,104	356	557	913	454	131	585	432	462	894	7,861	9,504	17,365
Tyrol.	62,540	62,395	124,935	59,076	59,934	116,010	333	3,818	4,151	1,441	304	1,745	381	418	799	250	148	398
Vorarlberg.	8,417	8,359	16,776	8,206	7,618	15,824	118	732	850	123	18	141	36	26	62	»	»	»
Bohême.	498,958	496,616	995,574	474,994	473,501	948,495	9,953	15,446	25,399	10,558	2,152	12,710	2,275	2,623	4,898	1,690	2,649	4,339
Moravie.	195,540	193,910	389,450	186,175	183,452	369,627	3,109	6,746	9,855	6,055	1,899	7,954	1,052	1,214	2,266	862	1,179	2,041
Silésie.	46,184	46,384	92,568	41,711	38,711	80,422	3,072	6,446	9,518	846	147	993	367	422	789	432	505	937
Galicie.	363,790	349,398	713,188	220,190	185,820	406,010	6,335	11,212	17,547	6,942	4,257	11,199	1,423	1,103	2,526	131,101	150,352	281.453
Bukovine.	38,281	38,275	76,556	19,629	14,656	34,585	1,368	765	2,133	831	257	1,088	347	330	677	15,806	22,267	38,073
Dalmatie.	18,098	7,558	25,656	14,236	4,036	18,272	291	1,181	1,472	399	169	568	349	137	486	2,823	2,035	4,858
	1,683,498	1,652,176	3,335,674	1,435.310	1,359,994	2,795,304	31,206	72,456	103,622	40,901	11,782	52,683	10,825	10,765	21,805	168,074	197,210	365,593

TABLE DES MATIÈRES

CHAPITRE II. — **LES MAITRES.**

CHAPITRE III. — **LES ÉCOLES.**

EN HONGRE.

TROISIÈME PARTIE

STATISTIQUE.

I. — AUTRICHE.

II. — HONGRIE.

QUATRIÈME PARTIE

BUDGET.

I. — AUTRICHE.

II. — HONGRIE.

APPENDICE

Lois du 14 mai 1869 et du 2 mai 1883.

A. — Ecoles primaires publiques.

POITIERS. — TYPOGRAPHIE OUDIN ET Cie

www.ingramcontent.com/pod-product-compliance
Ingram Content Group UK Ltd.
Pitfield, Milton Keynes, MK11 3LW, UK
UKHW012215240726
13966UKWH00003B/761